Herta Müller

Drückender Tango

Erzählungen

Rowohlt

Veröffentlicht im
Rowohlt Taschenbuch Verlag GmbH,
Reinbek bei Hamburg, Juli 1996
Die ersten drei Erzählungen
der vorliegenden Ausgabe wurden
dem Band «Niederungen» (1984),
die übrigen dem Band
«Barfüßiger Februar» (1987)
entnommen.
Copyright © 1984/1988 und 1987 by
Rotbuch Verlag, Hamburg
Umschlaggestaltung Beate Becker/Gabriele Tischler
Satz Sabon (Linotronic 500)
Gesamtherstellung Clausen & Bosse, Leck
Printed in Germany
200-ISBN 3 499 22080 6

Inhalt

Faule Birnen

Die Gärten sind stechendgrün. Die Zäune schwimmen feuchte Schatten nach. Die Fensterscheiben gleiten nackt und glänzend von einem Haus ins andre. Der Kirchturm dreht sich, das Heldenkreuz dreht sich. Die Namen der Helden sind lang und verschwommen. Käthe liest die Namen von unten nach oben. Der dritte von unten ist mein Großvater, sagt sie. Sie schlägt vor der Kirche ein Kreuz. Vor der Mühle glänzt der Teich. Die Wasserlinsen sind grüne Augen. In den Binsen wohnt eine dicke Schlange, sagt Käthe. Der Nachtwächter hat sie gesehn. Am Tag frißt sie Fische und Enten. In der Nacht kriecht sie zur Mühle und frißt Kleie und Mehl. Das Mehl, das sie übrigläßt, ist naß von ihrem Speichel. Der Müller leert es in den Teich, denn es ist giftig.

Die Felder liegen auf dem Bauch. Oben in den Wolken stehn die Felder kopf. Die Wurzeln der Sonnenblumen schnüren die Wolken ein. Vaters Hände drehen das Lenkrad. Ich sehe Vaters Haar durch das kleine Fenster hinter der Tomatenkiste. Das Auto fährt schnell. Das Dorf sinkt ins Blaue. Ich verliere den Kirchturm aus den Augen. Ich sehe den Schenkel der Tante dicht neben Vaters Hosenbein.

Am Straßenrand ziehen Häuser vorbei. Die Häuser sind keine Dörfer, weil ich hier nicht wohne. Kleine Männer mit verschwommenen Hosenbeinen gehen fremd durch die Straßen. Auf schmalen rauschenden Brücken flattern die Röcke fremder Frauen. Kinder mit nackten mageren Schenkeln stehen ohne Hosen allein unter vielen großen Bäumen. Sie halten Äpfel in den Händen. Sie essen nicht. Sie winken. Sie rufen mit leerem Mund. Käthe winkt kurz und schaut nicht mehr hin. Ich winke lange. Ich schaue lange auf die mageren Schenkel, bis ich, weil sie zerfließen, nur noch die großen Bäume seh.

Die Ebene ist unter den Hügeln. Der Himmel unseres Dorfes trägt die Hügel. Sie fallen nicht durch die Wolken in die Ebene. Jetzt sind wir schon weit, sagt Käthe und gähnt in die Sonne. Der Vater wirft eine glühende Zigarette durchs Fenster. Die Tante bewegt die Hände und redet.

Zwischen den Zäunen sind die Pflaumen klein und grün. Im Gras stehen Kühe und schauen kauend in den Staub der Räder. Die

Erde klettert aus dem Gras über kahle Steine, über Wurzeln und Rinden. Käthe sagt: das sind Berge, und die Steine sind Felsen.

Neben den Rädern des Autos wehen Sträucher dem Luftzug nach. Aus ihren Wurzeln rauscht Wasser. Der Farn trinkt und schüttelt sein Spitzengewebe. Das Auto fährt auf schmalen grauen Wegen. Sie heißen Serpentinen, sagt Käthe. Die Wege verknäulen sich. Unser Dorf liegt tief unter den Bergen, sage ich. Käthe lacht: die Berge sind hier im Gebirge, und unser Dorf ist dort in der Ebene, sagt sie.

Die weißen Kilometersteine schauen mich an. Vaters halbes Gesicht steht über dem Lenkrad. Die Tante greift Vater ans Ohr.

Von Ast zu Ast hüpfen kleine Vögel. Sie verlieren sich im Wald. Sie schreien kurz. Wenn sie die Äste nicht berühren, fliegen sie, ziehen die Füße an den Bauch und schweigen. Auch Käthe weiß nicht, wie die Vögel heißen.

Käthe sucht in der Gurkenkiste eine kleine stachlige Gurke. Sie beißt mit spitzem Mund hinein und spuckt die Schalen aus.

Die Sonne fällt hinter den höchsten Berg. Der Berg wackelt und schluckt das Licht. Zu Hause geht die Sonne hinter dem Friedhof unter, sage ich. Käthe ißt eine große Tomate und sagt: im Gebirge wird es früher Nacht als bei uns zu Haus. Käthe legt ihre schmale weiße Hand auf mein Knie. Das Auto summt zwischen Käthes Hand und meiner Haut. Im Gebirge wird es auch früher Winter als bei uns zu Haus, sage ich.

Das Auto schnüffelt mit grünen Lichtern durch den Rand der Wälder. Der Farn streut sein Spitzengewebe in die Dunkelheit. Die Tante lehnt die Wange an die Scheibe und schläft. Die Zigarette des Vaters glüht über dem Lenkrad.

Die Nacht frißt die Kisten auf dem Auto, frißt das Gemüse in den Kisten. Die Tomaten riechen zwischen den Bergen stärker als zu Haus. Käthe hat keine Arme und kein Gesicht. Ihre Hand streicht warm über mein kaltes Knie. Käthes Stimme sitzt neben mir und redet von weitem. Ich beiß mir stumm auf die Lippen, um meinen Mund in der Nacht nicht zu verlieren.

Das Auto ruckt. Vater löscht die grünen Lichter. Er steigt aus dem Auto und ruft: wir sind da. Das Auto steht vor einem langen Haus unter der Glühbirne. Das Hausdach ist schwarz wie der Wald. Die Tante schlägt die Autotür zu und drückt Vater ein Nachthemd in die Hand. Sie zeigt mit dem krummen Zeigefinger in die Dunkelheit hinauf und sagt: oben ist das Dorf. Ich schau ihrem Zeigefinger nach und seh den Mond.

Hier ist die Wassermühle, sagt Käthe. Vater preßt das Nachthemd unter den Arm und reicht der Tante einen Schlüssel. Die Tante sperrt die grüne Haustür auf. Käthe sagt: die Alte wohnt oben im Dorf bei ihrer Schwester.

Die Tante geht hinter eine schwarze Tür. In ihr Zimmer, sagt Vater. Er geht die schmalen Holztreppen rauf und schließt die Falltür hinter sich. Käthe und ich liegen im Vorzimmer in einem schmalen Bett unter dem kleinen schwarzen Fenster mit dem weißen Spitzenvorhang. Durch die Zimmerwand rauscht das Wasser. Käthe sagt: es ist der Bach.

Käthes Haar knistert in meinem Ohr. Vor dem kleinen schwarzen Fenster hängt der Mond im schwarzen Maul der Wolken. Dort ist das Dorf.

Käthes Schenkel liegen tiefer als meine Schenkel. Käthes Kopf liegt höher als mein Kopf. Käthes Bauch haucht heiße Luft. Unter meinem kurzen schmalen Körper knistert der Strohsack.

Hinter der schwarzen Tür knistert das Bett. Hinter der Falltür knistert das Heu.

Die heiße Luft aus Käthes Bauch riecht nach faulen Birnen. Käthes Atem säuselt im Schlaf.

Aus dem weißen Spitzenvorhang wachsen triefende Blumenklumpen mit greifenden Stielen, mit schlängelnden Blättern.

Ein Quietschen fällt die Treppen runter. Ich heb den Kopf und laß ihn wieder fallen. Vater geht dem Quietschen nach. Vater ist barfuß. Er fingert mit großen Händen an der schwarzen Tür. Die Tür quietscht nicht. Vaters Zehen knacken, und das Schloß der schwarzen Tür fällt lautlos hinter seinem Rücken zu. Die Tante kichert und sagt: kalte Füße. Vater schmatzt mit den Lippen und sagt: Mäuse und Heu. Das Bett knarrt. Das Kissen atmet laut. Die Decke überschlägt sich in langen Stößen. Die Tante stöhnt. Der Vater keucht. Das Bett zuckt in kurzen Stößen aus dem Holz.

Hinter dem Haus lallt der Bach. Der Kiesel drängt, die Steine drücken. Käthe zuckt im Schlaf mit der Hand. Die Tante kichert, der Vater flüstert. Hinter dem schwarzen Fenster flattert ein rundes Blatt.

Das Schloß der schwarzen Tür knackt. Der Vater steigt barfuß ohne Fersen die schmalen Holztreppen hoch. Sein Hemd ist offen. Sein Gehen riecht nach faulen Birnen. Die Falltür quietscht und fällt langsam zu. Käthe dreht das Gesicht im Schlaf. Vaters Schenkel knistern im Heu.

Der Bach lallt zwischen meinen Augen: ich habe Unkeusches getan, ich habe Unkeusches angeschaut, ich habe Unkeusches angehört, ich habe Unkeusches gelesen. Ich grab die Hände unter die Decke. Ich zeichne mit den Fingern Serpentinen auf meine Schenkel. Auf meinem Knie ist unser Dorf. Käthe zuckt im Schlaf mit dem Bauch.

Die Blumenklumpen neigen ihre weißen Stiele. Das schwarze Fenster hat einen grauen Riß. Die Wolken hängen voll mit roten Schnüren. Die Tannen grünen an den Nadelspitzen.

Die Tante steht verwittert in der schwarzen Tür. Unter ihrem Nachthemd zittern Melonen. Die Tante sagt was von roten Wolken und von Wind. Käthe gähnt mit großem, rotem Mund und hebt die Arme vor das kleine Fenster. Die Falltür quietscht. Vater kommt gebückt die schmalen Treppen runter. Sein Gesicht ist stopplig und sagt: gut geschlafen. Ich sag: ja. Käthe nickt. Die Tante knöpft die Bluse zu. Zwischen den Melonen ist der Knopf zu klein und schlüpft ins Knopfloch zurück. Die Tante schaut Vater ins Gesicht und sagt wieder ihren Satz mit dem Wind und mit den roten Wolken. Vater lehnt an der Holztreppe und kämmt sich. Er läßt ein Nest aus schwarzen Haaren aus dem fetten Kamm neben die

Treppen fallen. Um zwei Uhr kommen wir euch holen, sagt er. Die Tante schaut lachend auf die grüne Tür und sagt: Käthe weiß.

Das Auto summt. Die Tante sitzt neben Vater im Auto. Sie kämmt sich mit dem fetten Kamm. Hinter ihrem Ohr ist das Haar grau.

Ich schau auf die weiten roten Dächer. Käthe sagt: dort oben ist das Dorf. Ich frag: ist es groß. Käthe sagt: klein und häßlich.

Ich leg mich ins Gras. Käthe sitzt auf einem Stein neben dem Bach. Ich seh Käthes blaues Höschen mit dem gelben Fleck aus faulen Birnen zwischen ihren Schenkeln. Käthe läßt den Rock zwischen die Schenkel gleiten. Käthe peitscht das Wasser mit einem Stock unter die Steine.

Ich schau ins Wasser und frag: bist du schon eine Frau. Käthe wirft Kieselsteine ins Wasser und sagt: nur wer einen Mann hat, ist eine Frau. Und deine Mutter, frag ich. Ich zerbeiß ein Birkenblatt im Mund. Käthe zerreißt eine Margarete und sagt vor sich hin: liebt mich, liebt mich nicht. Käthe wirft den nackten gelben Margaretenknoten ins Wasser: meine Mutter hat doch Kinder, sagt sie. Wer keinen Mann hat, hat auch keine Kinder. Wo ist er, frage ich. Käthe zerpflückt ein Farnblatt: liebt mich, gestorben, liebt mich nicht. Frag doch deine Mutter, wenn du mir nicht glaubst. Ich pflück Margareten. Die alte Elli hat keine Kinder, sage ich. Die hat nie einen Mann gehabt, sagt Käthe. Sie zermatscht einen braungefleckten Frosch mit einem Stein. Die Elli ist eine alte Jungfer, sagt Käthe. Das rote Haar vererbt sich. Ich schau ins Wasser. Auch ihre Hühner sind rot, und ihre Hasen haben rote Augen, sage ich. Aus den Margareten kriechen kleine schwarze Käfer über meine Hand. Die Elli singt abends im Garten, sag ich. Käthe steht auf einem Baumstumpf und ruft: die singt, weil sie trinkt. Die Frauen müssen heiraten, dann trinken sie nicht. Und die Männer, frage ich. Die trinken, weil sie Männer sind, sagt Käthe und hüpft ins Gras. Die sind auch Männer, wenn sie keine Frauen haben. Und dein Bräutigam, frage ich. Der trinkt auch, weil alle trinken, sagt Käthe. Und du, frage ich. Käthe verdreht die Augen. Ich heirate, sagt sie. Ich werfe einen Stein ins Wasser und sag: ich trinke nicht und heirate nicht. Käthe lacht: noch nicht, aber später, jetzt bist du noch zu klein. Und wenn ich nicht will, sage ich. Käthe pflückt wilde Erdbeeren. Wenn du groß bist, willst du schon, sagt sie.

Käthe liegt im Gras und ißt wilde Erdbeeren. Zwischen ihren Zähnen klebt roter Sand. Ihre

Schenkel sind lang und bleich. Der Fleck an Käthes Höschen ist naß und dunkelbraun. Käthe schmeißt die leeren Erdbeerstiele über ihr Gesicht und singt: und das bringt mir den einen, den ich so lieb wie keinen, und der mich glücklich macht. Ihre Zunge dreht sich rot und hängt in ihrer Mundhöhle an einem weißen Faden. Das singt die Elli abends im Garten, sage ich. Käthe schließt den Mund. Wie geht's weiter, frage ich. Käthe kniet im Gras und winkt. Das Auto kommt aus den weiten Dächern gerollt. Auf dem Auto scheppern die leeren Kisten.

Vater steigt aus dem Auto und sperrt die grüne Haustür zu. Die Tante sitzt neben dem Lenkrad und zählt Geld. Käthe und ich steigen aufs Auto. Das Auto summt. Käthe sitzt neben mir auf einer leeren Gurkenkiste.

Das Auto fährt rasch. Ich seh, wie tief die Wälder sind. Die kleinen Vögel ohne Namen flattern über den Weg. Die Schattenflecken des Geästs stehen gezackt auf Käthes Gesicht. Käthes Lippen haben dunkle scharfe Ränder. Ihre Wimpern sind dicht und spitz wie Tannennadeln.

Durch die Dörfer gehen keine Männer, keine Frauen. Unter den großen Bäumen stehen keine nackten Kinder. Zwischen den großen Bäumen liegt welkes Obst. Zottige Hunde bellen den Rädern nach.

Die Hügel laufen aus in breite Felder. Die Ebene liegt auf ihrem schwarzen Bauch. Der Wind steht still. Käthe sagt: bald sind wir zu Hause. Sie zupft an den hängenden Akazienästen. Käthe reißt mit weißen Händen die Blätter von den Stielen und hat kein Gesicht. Ihre Stimme sagt leise: liebt mich, liebt mich nicht. Käthe zerbeißt im Mund den nackten Stiel.

Hinterm Feld steht ein grauer Kirchturm: dort ist unsere Kirche, sagt Käthe. Das Dorf ist flach und schwarz und stumm. Jesus hängt am Dorfeingang am Kreuz, neigt den Kopf und zeigt seine Hände. Seine Zehen sind dürr und lang. Käthe schlägt das Kreuz.

Der Teich glänzt schwarz und leer. Die große Schlange frißt in der Mühle Kleie und Mehl. Das Dorf ist leer. Das Auto hält vor der Kirche. Ich seh den Kirchturm nicht. Ich seh die langen buckligen Wände hinter den Pappeln stehn.

Käthe geht mit der Tante die schwarze Straße runter. Die Straße hat keine Richtung. Ich seh das Pflaster nicht. Ich setze mich neben Vater. Der Sitz ist noch warm von den Schenkeln der Tante und riecht nach faulen Birnen.

Vater fährt und fährt. Fährt sich mit der

Hand durchs Haar, fährt sich mit der Zunge über die Lippen. Vater fährt mit Händen und Füßen durchs leere Dorf.

Hinter einem Fenster ohne Haus torkelt ein Licht. Vater fährt durch den Schatten des Tors in den Hof. Er zieht die Plane übers Auto.

Die Mutter sitzt am Tischrand unterm Licht. Sie stopft einen Socken mit leerer Ferse voll mit grauer Wolle. Die Wolle kriecht glatt aus ihrer Hand. Die Mutter schaut mit schnurgeraden Blicken auf Vaters Rock. Sie lächelt. Ihr Lächeln ist schwach und hinkt am Lippenrand.

Vater blättert blaue Geldscheine auf den Tisch und zählt. Zehntausend, sagt er laut. Und meine Schwester, fragt die Mutter. Vater sagt: sie hat schon ihren Teil. Und achttausend kriegt der Ingenieur. Die Mutter fragt: von dem. Vater schüttelt den Kopf. Die Mutter nimmt das Geld und trägt es mit beiden Händen zum Schrank.

Ich lieg in meinem Bett. Die Mutter beugt sich zu mir herab und küßt mich auf die Wange. Ihre Lippen sind hart wie die Finger. Wie habt ihr dort geschlafen, fragt sie. Ich schließ die Augen: Vater oben, im Heu, die Tante in ihrem Zimmer und Käthe und ich im Vorzimmer, sage ich. Die Mutter küßt mich kurz auf die Stirn. Ihre Augen glänzen kalt. Sie dreht sich um und geht.

Die Uhr tickt durchs Zimmer: ich habe Unkeusches angehört. Mein Bett steht zwischen einem seichten Fluß und einem müden Blätterwald in der Ebene. Hinter der Zimmerwand ächzt das Bett in kurzen Stößen. Die Mutter stöhnt. Der Vater keucht. Die Ebene ist vollgehängt mit schwarzen Betten und mit faulen Birnen.

Mutters Haut ist schlaff. Die Poren sind leer. Die faulen Birnen kriechen in die Haut zurück. Der Schlaf ist schwarz unter den Lidern.

Drückender Tango

Mutters Strumpfhalter schneidet tief in ihre Hüften, drückt ihren Magen über ihren eingeschnürten Bauch. Mutters Strumpfhalter ist aus lichtblauem Damast mit blassen Tulpen und hat zwei weiße Gummiwarzen und zwei Schnallen aus rostfreiem Draht.

Mutter legt die schwarzen Seidenstrümpfe auf den Tisch. Die Seidenstrümpfe haben dicke durchsichtige Waden. Die sind aus schwarzem Glas. Die Seidenstrümpfe haben runde undurchsichtige Fersen und spitze undurchsichtige Zehen. Die sind aus schwarzem Stein.

Mutter zieht die schwarzen Seidenstrümpfe über ihre Beine. Die blassen Tulpen schwimmen von den Hüften über Mutters Bauch. Die Gummiwarzen werden schwarz, die Schnallen schließen sich.

Mutter schiebt die steinernen Zehen, Mutter drückt die steinernen Fersen in die schwarzen Schuhe. Mutters Knöchel sind zwei schwarze steinerne Hälse.

Die Glocke läutet hart und dumpf dasselbe

Wort. Die Glocke läutet aus dem Friedhof. Die Glocke schlägt.

Mutter trägt den dunklen Kranz aus Tannengrün und weißen Chrysanthemen. Großmutter trägt den rasselnden Kranz aus weißen Steinchen mit dem runden Bild der lächelnden Maria und der verblichenen ungarischen Schrift der Monarchie: Szüz Maria Köszönöm. Der Kranz schaukelt unter Großmutters Zeigefinger auf dem dünnen rotgeriebenen Gelenk.

Ich trage ein Bündel von dem wirren feingerippten Farn und eine Handvoll Kerzen, die so weiß und kalt wie meine Finger sind.

Mutters Kleid schlägt schwarze Falten. Mutters Schuhe klappern in kurzen Schritten. Mutters Tulpen schwimmen Mutter um den Bauch.

Die Glocke schlägt in ihren Schlag dasselbe Wort. Es hat ein Echo vor und hinter sich und klingt nicht aus. Mutter trippelt mit gläsernen Waden, mit steinernen Knöcheln ins Echo des Wortes, hinein in den Schlag.

Vor Mutters Schritten geht der kleine Sepp mit einem Kranz aus Immergrün und weißen Chrysanthemen.

Ich geh zwischen dem dunklen Kranz aus Tannengrün und zwischen dem rasselnden

Kranz aus weißen Steinchen. Ich gehe hinter meinem wirren Farn.

Ich gehe durch das Friedhofstor und hab die Glocke vor meinem Gesicht. Ich hab den Schlag der Glocke unterm Haar. Ich hab den Schlag im Puls neben den Augen und in den mürben Handgelenken unterm wirren Farn. Ich hab den Knoten, der am Strick der Glocke schaukelt, in der Kehle.

Großmutters Zeigefinger ist an der Nagelwurzel blaugefleckt und tot. Großmutter hängt ihren rasselnden Kranz aus weißen Steinchen an den Grabstein über Vaters Gesicht. Wo Vaters tiefe Augen sind, ist jetzt das rotentfleischte Herz der lächelnden Maria. Wo Vaters harte Lippen sind, ist jetzt die ungarische Schrift der Monarchie.

Mutter steht über den dunklen Kranz aus Tannengrün gebeugt. Ihr Magen drückt sich über ihren Bauch. Die weißen Chrysanthemen rollen sich auf Mutters Wangen ein. Mutters schwarzes Kleid bläht sich im Wind, der um die Gräber streicht. Mutters schwarzer Glasfuß hat einen dünnen weißen Riß, der über ihren Schenkel zu der Gummiwarze läuft, zu Mutters Bauch, auf dem die Tulpen schwimmen.

Großmutter zupft mit ihrem toten Zeigefinger am wirren Farn, der um den Grabrand liegt.

Ich steck die weißen Kerzen zwischen sein Geripp und bohr die kalten Fingerspitzen in die Erde.

Das Zündholz flackert blau in Mutters Hand. Mutters Finger zittern, und die Flamme zittert. Meinen Fingern frißt die Erde die Gelenke ab. Mutter trägt die Flamme rund ums Grab und sagt: auf Gräbern bohrt man nicht. Großmutter streckt den toten Zeigefinger weg und zeigt auf das rotentfleischte Herz der lächelnden Maria.

Auf den Treppen der Kapelle steht der Pfarrer. Über seinen Schuhen hängen schwarze Falten. Die Falten kriechen über seinen Bauch unter sein Kinn. Hinter seinem Kopf schaukelt der Glockenstrich, der dicke Knoten. Der Pfarrer sagt: beten wir für die lebenden und toten Seelen, und faltet die knochigen Hände über dem Bauch.

Das Tannengrün faltet die Nadeln, der Farn krümmt das wirre Geripp. Die Chrysanthemen duften nach Schnee, die Kerzen duften nach Eis. Die Luft über den Gräbern wird schwarz und summt ein Gebet: und du Gott, Herrscher der himmlischen Heerscharen, erlöse uns aus dieser Verbannung. Über dem Turm der Kapelle ist die Nacht so schwarz wie Mutters gläserne Füße.

Die Kerzen drängen rinnendes Gestrüpp aus ihren Fingern. Das rinnende Gestrüpp wird an der Luft so starr wie meine Rippen. Der Docht ist krümelig verkohlt und trägt die Flammen nicht. Zwischen den geknickten Kerzen rollt ein Klumpen Erde unter den Farn.

Mutter hat die eingerollten Chrysanthemen auf der Stirn und sagt: auf Gräbern sitzt man nicht. Großmutter streckt den toten Zeigefinger aus. Der Riß auf Mutters gläsernem Bein ist so breit wie Großmutters toter Zeigefinger.

Der Pfarrer sagt: meine lieben Gläubigen, heute ist Allerheiligen, heute haben unsere lieben Verstorbenen, unsere toten Seelen ein Freudenfest. Heute haben unsere toten Seelen Kerwei.

Der kleine Sepp steht mit gefalteten Händen über dem Kranz aus Immergrün am Nachbargrab: Erlöse uns, oh Herr, aus dieser Verbannung. Im zitternden Licht zittert sein graues Haar.

Der kleine Sepp spielt mit seinem roten Akkordeon die weißen wehenden Bräute durchs Dorf, spielt die gepaarten Hochzeitsgäste mit den weißen wächsernen Maschen um den Altar, unter das rotentfleischte Herz der lächelnden Maria, spielt die Vanilletorte mit den zwei weißen wächsernen Tauben auf der Spitze vor das Gesicht der Braut. Der kleine Sepp spielt mit seinem roten Akkordeon für die Arme und Beine der Männer und Frauen den drückenden Tango.

Der kleine Sepp hat kurze Finger und kurze Schuhe. Er drückt mit den gespreizten kurzen Fingern auf die Tasten. Die breiten Tasten sind aus Schnee, die schmalen Tasten sind aus Erde. Der kleine Sepp drückt selten auf die schmalen Tasten. Er drückt darauf, und die Musik wird kalt.

Vaters Schenkel drücken sich an Mutters Bauch, um den die blassen Tulpen schwimmen.

Die wehende Braut ist die Nachbarin. Sie winkt mit dem Zeigefinger. Sie schneidet mir eine Rippe aus der Torte und legt die weißen wächsernen Tauben mit verzagtem Lächeln in meine Hand.

Ich schließ die Hand. Die Tauben werden warm wie meine Haut und schwitzen. Ich steck die weißen wächsernen Tauben in einen Knödel Fleisch und in das Brot, von dem ich beiß. Ich schlucke Brot und höre den drückenden Tango.

Mutter tanzt mit schwimmenden Tulpen und Onkels Schenkeln am Tischrand vorbei. Sie hat die eingerollten Chrysanthemen um den Mund und sagt: mit dem Essen spielt man nicht.

Der Pfarrer hebt die knochigen Hände im Namen des Herrn: erlöse uns aus dieser Verbannung. Aus seinen Händen steigt ein rinnendes Gestrüpp aus Rauch und schwebt um den Knoten am Glockenstrick und steigt in den Turm.

Das Grab ist gesunken, sagt Mutter. Da müssen zwei Fuhr Erde drauf und eine Fuhr frischer Mist, damit die Blumen wachsen. Mutters schwarzer Schuh knistert im Sand. Das kann dein Onkel tun für seinen toten Bruder, sagt Mutter.

Großmutter hängt den Kranz mit den weißen Steinchen an ihren toten Zeigefinger.

Vaters tiefe Augen schaun auf Mutters schwarzen Glasfuß mit dem weißen Riß. Mutters schwarze Schuhe gehen über Maulwurfshügel zwischen fremden Gräbern.

Wir gehen durch das Friedhofstor. Das Dorf sinkt in sich ein und riecht nach Tannengrün und Farn, nach Chrysanthemen und nach wächsernem Gestrüpp.

Vor meinen Schritten geht der kleine Sepp.

Das Dorf ist schwarz. Die Wolken sind aus schwarzem Damast.

Großmutter rasselt mit dem Kranz aus weißen Steinchen. Mutter zerdrückt meine Finger in ihrer Hand.

Vater ist unsere tote Seele. Vater hat heute Kerwei und tanzt am Dorfrand vorbei.

Mutters Strumpfhalter schneidet sich tief in ihre Hüften.

Vater preßt im drückenden Tango seine Schenkel an eine Wolke aus schwarzem Damast.

Dorfchronik

Seitdem es im Dorf nur noch elf Schüler und vier Lehrer, die alle zusammen Grundschule genannt werden, gibt, unterrichtet der Turnlehrer auch Landwirtschaftslehre. Seither wird in den Landwirtschaftslehrestunden der Weitsprung über eine ewig nasse Sandgrube geübt und Völkerball gespielt, im Sommer mit Bällen und im Winter mit Schneebällen. Bei diesem Spiel teilen sich die Schüler in Völker ein. Wen der Ball getroffen hat, der muß hinter die Schußlinie zurücktreten und, weil er tot ist, zusehen, bis alle anderen aus seinem Volk erschossen sind, was im Dorf gefallen genannt wird. Der Turnlehrer hat seine Schwierigkeiten beim Einteilen der Schüler. Daher schreibt er sich nach jeder Stunde auf, welchem Volk jeder Schüler angehörte. Wer in der vergangenen Stunde ein Deutscher sein durfte, muß in der kommenden ein Russe sein, und wer in der vergangenen Stunde ein Russe war, der darf in der kommenden ein Deutscher sein. Es kommt vor, daß es dem Lehrer nicht gelingt, die nötige

Schüleranzahl zu überzeugen, Russen zu sein. Wenn der Lehrer nicht mehr weiter weiß, sagt er, seid eben alle Deutsche und los. Weil die Schüler in diesem Fall jedoch nicht begreifen, weshalb man da noch kämpfen sollte, teilen sie sich in Sachsen und in Schwaben ein.

Im Sommer haben die Schüler auch rote Tinte bei sich und malen sich, nachdem sie erschossen worden sind, rote Flecken auf die Haut und auf die Hemden.

Der Turnlehrer, also der Schuldirektor, der auch Musik- und Deutschlehrer ist, hat vor einigen Tagen auch die Geschichtsstunden übernommen, weil dieses Spiel auch für den Geschichtsunterricht geeignet ist.

Neben der Schule ist der Kindergarten. Die Kinder singen Lieder und sagen Gedichte auf. In den Liedern geht es ums Wandern und Jagen und in den Gedichten um die Liebe zur Mutter und zum Vaterland. Manchmal lehrt die Kindergärtnerin, die noch sehr jung, was im Dorf blutjung genannt wird, und eine gute Akkordeonspielerin ist, die Kinder sogar Schlager, in denen auch englische Wörter wie darling und love vorkommen. Es passiert manchmal, daß die Jungen den Mädchen unter den Rock greifen oder durch die fingerbreite Türspalte des Mädchenklos schauen, was die Kindergärtnerin eine Schande nennt. Weil das von Zeit zu Zeit vorkommt, werden auch im Kindergarten Elternsitzungen, die im Dorf Elternbesprechungen genannt werden, abgehalten. In den Elternsitzungen gibt die Kindergärtnerin den Eltern Anleitungen, die im Dorf Ratschläge genannt werden, wie sie ihre Kinder bestrafen sollen. Die meist empfohlene Strafe, die sich für jedes Vergehen eignet, ist der Hausarrest. Eine bis zwei Wochen dürfen die Kinder, nachdem sie aus dem Kindergarten nach Hause gekommen sind, nicht mehr auf die Straße gehen.

Neben dem Kindergarten ist der Marktplatz. Auf dem Marktplatz wurden vor Jahren Schafe, Ziegen, Kühe und Pferde verkauft und gekauft. Jetzt kommen einmal im Frühjahr ein paar vermummte Männer aus den Nachbardörfern her, die Holzkisten mit Ferkeln auf den Wagen führen. Die Ferkel werden nur paarweise verkauft und gekauft. Die Preise hängen weniger vom Gewicht und mehr von der Rasse, die im Dorf Art genannt wird, ab. Die Käufer bringen einen Nachbarn oder jemanden aus der Verwandtschaft mit und begutachten den Körperbau der Ferkel, der im Dorf Statur genannt wird: ob sie kurze oder lange Beine, Ohren, Schnauzen, Borsten, ob sie geringelte oder gestreckte Schwänze haben.

Die schwarzgefleckten Ferkel und die Ferkel mit verschiedenfarbigen Augen, die im Dorf Unglücksferkel genannt werden, muß der Verkäufer, falls er sie nicht um den halben Preis verkaufen will, wieder in die Holzkiste sperren und zurückfahren.

Außer Schweinen züchten die Dorfleute auch Hasen, Bienen und Geflügel. Das Geflügel und die Hasen werden in den Zeitungen Kleintiere genannt, und die Leute, die das Geflügel und die Hasen züchten, Kleintierzüchter.

Die Leute im Dorf haben außer Schweinen und Kleintieren auch Hunde und Katzen, die man, weil sie sich seit Jahrzehnten untereinander kreuzen, nicht mehr voneinander unterscheiden kann. Die Katzen sind noch gefährlicher als die Hunde, sie kreuzen sich, was im Dorf paaren genannt wird, auch mit den Hasen.

Der Dorfälteste, der zwei Weltkriege und noch manches andere und manchen anderen überlebt hat, hatte einen großen roten Kater. Seine Häsin brachte dreimal nacheinander rot und grau geflechte Junge zur Welt, was im Dorf werfen genannt wird, die miauten und die der Dorfälteste jedesmal ertränkte. Nach dem dritten Mal erhängte der Dorfälteste sei-

nen Kater. Seither hat seine Häsin zweimal ge-
streifte Jungen zur Welt gebracht, und der
Nachbar erhängte nach dem zweiten Mal seinen gestreiften Kater. Letztes Mal hatte die
Häsin langhaarige krause Jungen im Nest, da
ein Kater aus der Nachbargasse oder aus dem
Nachbardorf, der eine Kreuzung zwischen
einem Dorfhund und einer Dorfkatze ist, sol-
ches Haar hat. Da der Dorfälteste nun weder
aus noch ein wußte, schlachtete er seine Häsin
und vergrub sie, da er das Fleisch nicht essen
wollte, weil sie seit Jahren nur noch Katzen im
Bauch gehabt hatte. In Italien, das weiß das
ganze Dorf, hat der Dorfälteste während seiner Kriegsgefangenschaft Katzenfleisch gegessen. Das heiße aber noch lange nicht, meint der
Dorfälteste, daß er die Unzucht seiner Häsin
werde ertragen müssen, weil ein schwäbisches
Dorf ja gottseidank, betont er, nicht in Italien liege, obwohl er manchmal den Eindruck
habe, daß es auch in Sardinien liegen könnte.
Diesen Eindruck schreiben die Dorfleute aber
seiner Arterienverkalkung zu und sagen, er
habe schon dickes Blut im Kopf.

Neben dem Marktplatz ist der Volksrat, der
im Dorf Gemeindehaus genannt wird. Das
Volksratsgebäude ist eine Kombination zwischen einem Bauernhaus und einer Dorfkir-

che. Von einem Bauernhaus hat es die offene Veranda, die von einer mit Pfosten gestützten Brüstung umgeben ist, die kleinen schummrigen Fenster, die braunen Rolläden, die rosa getünchten Wände und den grün getünchten Sockel. Von einer Dorfkirche hat es die vier Treppen am Eingang, die Wölbung über der Tür, die blinde zweiteilige Holztür mit dem Sehgitter, die Stille in den Zimmern und die Eulen und Fledermäuse auf dem Dachboden, die im Dorf Ungeziefer genannt werden.

Der Bürgermeister, der im Dorf Richter genannt wird, hält im Gemeindehaus seine Sitzungen. Unter den Anwesenden gibt es Raucher, die abwesend rauchen, Nichtraucher, die nicht rauchen und schlafen, Alkoholiker, die im Dorf Säufer genannt werden und die Flaschen unter den Stühlen stehen haben, sowie Nichtalkoholiker und Nichtraucher, die schwachsinnig sind, was im Dorf anständig genannt wird, die so tun, als würden sie zuhören, die aber an etwas ganz anderes denken, falls es ihnen überhaupt gelingt, zu denken.

Auch die Fremden, die ins Dorf kommen, suchen den Volksrat auf, weil sie, wenn es sie bedrängt, in den Hinterhof gehen und pissen, was im Dorf das Wasser abschlagen genannt wird. Das Klo, das im Hinterhof des Volksrats steht, ist ein öffentliches Klo, da es weder eine Tür noch bin Dach besitzt. Trotz der vielen Ähnlichkeiten zwischen dem Volksrat und der Kirche, ist es noch nie passiert, daß ein Fremder statt zum Volksrat in die Kirche gegangen wäre, da ja die Kirche an ihrem Kreuz zu erkennen ist und der Volksrat an seiner Ehrentafel, die im Dorf Ehrenkasten genannt wird. Im Ehrenkasten sind Zeitungen ausgehängt, die, wenn sie völlig vergilbt und unleserlich geworden sind, ausgetauscht werden.

Neben dem Volksrat befindet sich der Friseurladen, der im Dorf Frisierstube genannt wird. In der Frisierstube steht ein Stuhl vor einem Spiegel, ein Kohlenofen in einer Ecke und eine Holzbank an einer Wand, auf der die Kunden, die im Dorf Rasiergäste genannt werden, sitzen und schlafen, was im Dorf warten genannt wird.

Von den Rasiergästen ist keiner älter als hundert. Außer rasieren lassen sich alle Gäste auch die Haare schneiden, selbst jene, die keine Haare mehr haben. Der Friseur, der im Dorf Rasierer genannt wird, wetzt das Rasiermesser nach jeder Rasur an einem Lederriemen, der schwingt und zu summen beginnt, und reibt den jüngeren Rasiergästen, denen, die unter siebzig sind, das Gesicht mit

Parfüm und den älteren mit Spiritus ein, weil es sich nicht schickt, was im Dorf sich nicht steht genannt wird, daß ein alter Mann nach Parfüm riecht, was im Dorf nach Parfüm stinken genannt wird.

Neben dem Friseurladen und vor dem Volksrat ist eine Betonplatte gegossen worden, die im Dorf Kerweihplatz genannt wird. Auf dieser Betonplatte tanzen die Kerweihpaare.

Seitdem das Dorf immer kleiner wird, weil die Leute, wenn nicht woandershin, dann wenigstens in die Stadt abwandern, werden die Kerweihfeste immer größer und die Trachten immer festlicher, so daß die Zeitungen nicht umhin können, jede Kerweih aus jedem Dorf, das in den Zeitungen wenn nicht Großgemeinde, so doch wenigstens Gemeinde genannt wird, ausführlich zu beschreiben. Da jede Kerweih in jedem Dorf an einem anderen Sonntag stattfindet, gehen alle Kerweihpaare aus einem Dorf vor oder nach ihrer eigenen Kerweih, die im Dorf Kerweihfest genannt wird, auch zur Kerweih ins Nachbardorf, was im Dorf mithalten genannt wird. Da aber im Banat alle Dörfer Nachbardörfer sind, beteiligen sich an allen Kerweihfesten dieselben Paare, dieselben Zuschauer und dieselbe Musikkapelle. Dank der Kerweihfeste kennt sich die Jugend aus dem ganzen Banat, und so kommt es öfter zu zwischendörflichen Ehen, falls sich die Eltern davon überzeugen lassen, daß die beiden zwar nicht aus demselben Dorf, aber immerhin Deutsche sind.

Neben dem Friseurladen liegt die Konsumgenossenschaft, die im Dorf Geschäft genannt wird, die fünf Quadratmeter groß ist und Kochtöpfe, Kopftücher, Marmelade, Salz, Barchent, Hausschuhe und einen Stapel Bücher aus den frühen sechziger Jahren führt. Die Verkäuferin ist zuckerkrank und sicherlich aus dem Nachbardorf, weil es dort eine Kondi und den Namen Franziska gibt.

In unserem Dorf heißen die Frauen Magdalena, was im Dorf Leni, oder Theresia, was im Dorf Resi genannt wird. Die Männer aus unserem Dorf heißen Matthias, was im Dorf Matz, oder Johann, was im Dorf Hans genannt wird. Die Familiennamen in unserem Dorf sind Berufsnamen: Schuster, Schneider, Wagner, und Tiernamen: Wolf, Bär, Fuchs. Außer diesen Namen gibt es in unserem Dorf noch zwei andere Namen: Schauder und Stumper, von denen niemand weiß, woher sie kommen. Einige sogenannte Sprachforscher aus dem Banat haben durch sogenannte Sprachforschungen bewiesen, daß diese Namen durch Verformungen anderer Namen entstanden sind. Außer diesen Namen gibt es im Dorf noch Spottnamen, die im Dorf Spitznamen genannt werden: Schmalzbauer, Geizhals.

Neben der Konsumgenossenschaft ist das Kulturheim. Im Kulturheim hält man, wenn es regnet, Kerweih, und Hochzeiten, wenn es regnet, hagelt, schneit oder Schönwetter ist. Auch das Kulturheim hat vier Treppen, eine blinde dicke Holztür mit einem Sehgitter, einen gewölbten Eingang, kleine schummrige Fenster, braune Rolläden und Ungeziefer auf dem Dachboden. In einem kleinen sackdunklen Raum, in dem früher der Projektionsapparat für das Kino stand, ist, seitdem niemand mehr ins Kino geht, die Hochzeiten aber immer häufiger werden, ein großer Herd, der im Dorf Sparherd genannt wird, mit einem großen eingebauten Kessel installiert worden. Seitdem der faule Fußboden durch Parkett ersetzt worden ist, tanzen auch die alten Hochzeitsgäste, die im Dorf Hochzeitspaare genannt werden, statt Walzer und Foxtrott wieder Polka.

Neben dem Kulturheim ist die Post. Die Post hat zwei Angestellte: den Postmann, der im Dorf Postträger genannt wird, und die Telefonistin, die im Dorf Postfrau genannt wird und die Frau des Postmanns ist. Die Postfrau stempelt, da sie mit Telefonieren äußerst selten beschäftigt ist, die angekommene und, nachdem abends der Briefkasten geleert worden ist, die abzuschickende Post. Die Postfrau kennt alle Briefe inwendig und auswendig und weiß daher Bescheid über die geheimsten Gedanken der Dorfleute.

Neben der Post ist die Miliz. Der Milizmann, der im Dorf der Blaue genannt wird, kommt von Zeit zu Zeit in einen kleinen Raum, der im Dorf Büro genannt wird, in dem ein leerer Schreibtisch und ein Stuhl stehen, geht zum Fenster und lüftet, bis er seine ausländische Zigarette geraucht hat, den Raum, schließt dann wieder das Fenster, hängt wieder das Schloß an die Tür und geht zur Post. Mit der Postfrau sitzt er dann stundenlang hinter dem hohen Pult und erzählt.

Das Dorf hat drei Seitengassen, die im Dorf Hintergassen genannt werden, da eine hinter der Schule liegt und mit der LPG endet, eine zweite hinter der Konsumgenossenschaft liegt und mit der Staatsfarm endet und eine dritte hinter der Post liegt und mit dem Friedhof endet.

Die Seitengassen sind Häuserreihen. Die Häuser der Häuserreihen sind alle gleich rosa getüncht, haben die gleichen grünen Sockel und die gleichen braunen Rolläden. Sie unterscheiden sich nur durch die Hausnummernschilder voneinander. In den Seitengassen hört man am frühen Morgen, wenn es noch dämmert, die Hühner gackern und die Gänse schnattern und zischeln. Wenn es draußen ganz hell ist, was im Dorf taghell genannt wird, wird das Gackern, Schnattern und Zischeln von den Stimmen der Frauen, die im Dorf Hausfrauen genannt werden, die über Zäune und Gärten hin miteinander reden, was im Dorf plauschen genannt wird, übertönt. Die Gärten sind immer frisch geharkt und gejätet, was im Dorf gepflegt genannt wird.

Die Häuser im Dorf sind sauber. Die Hausfrauen putzen, wischen, kehren und bürsten den ganzen Tag, was im Dorf häuslich und wirtschaftlich sein genannt wird. Samstags hängen die Perserteppiche, die so groß wie der halbe Hof sind und im Dorf Perser genannt werden, auf den Zäunen. Sie werden geklopft, gebürstet, gekämmt und nachher wieder ins Paradezimmer, das im Dorf Extrazimmer genannt wird, zurückgelegt. Im Extrazimmer stehen dunkle polierte Möbel aus Kirsch- oder Lindenholz mit Nuß- oder Rosenfurnier.

Auf den Möbeln stehen Nippsachen, die im Dorf Figuren genannt werden und verschiedene Tiere, von Käfern und Schmetterlingen bis zu Pferden, darstellen. Sehr beliebt sind Löwen, Giraffen, Elefanten und Eisbären, da es diese Tiere in der Banater Gegend, die in den Zeitungen Banater Land und im Dorf Inland genannt wird, nicht gibt, die aber in anderen Ländern, die im Dorf Ausland genannt werden, leben.

Der Dorfälteste wünscht sich seit Jahren, ins Ausland, das im Dorf der Westen genannt wird, zu einem guten Freund aus der Kriegsgefangenschaft zu Besuch zu fahren, um einen richtigen Löwen zu sehen.

An den Fenstern hängen weiße Nylonvorhänge, die im Dorf Spitzenvorhänge genannt werden. Viele Hausfrauen lassen sich die Spitzenvorhänge von den Verwandten aus dem Ausland bringen und begleichen das schöne Geschenk mit einigen Kilo Hauswurst oder mit einem geräucherten Schweineschinken. Die Vorhänge sind es schon wert, sagen sie, da sie, weil die Zimmer nicht bewohnt sind, was im Dorf geschont werden genannt wird, auch noch für ihre Kinder und Enkelkinder, die im Dorf Kindeskinder genannt werden, erhalten bleiben.

Die Häuser haben in zwei Teile geteilte Höfe, die im Dorf Vorderhöfe und Hinterhöfe genannt werden. In den Vorderhöfen, unter dem haushohen Weintraubenspalier und zwischen den gestutzten Samtrosensträuchern, stehen die bunten Gartenzwerge und die großen grünen Laubfrösche, die im Dorf Gartenfrösche genannt werden. Im Hinterhof sind das Geflügel und die dunklen dampfenden Räumlichkeiten, in denen gekocht, gegessen, gewaschen, gebügelt und geschlafen wird, die im Dorf Sommerküche genannt werden. Die Dorfleute teilen die Woche nach dem Kochprogramm in Fleischtage und Mehltage ein. Die Dorfleute essen gefettet, gesalzen und gepfeffert. Wenn der Dorfarzt ihnen aber das Fetten, Salzen und Pfeffern verbietet, essen sie ungefettet, ungesalzen und ungepfeffert und sagen während des Essens, daß nichts über die Gesundheit geht und daß das Leben nicht mehr schön ist, wenn man nicht mehr alles essen darf, und: Gutes Essen macht Sorgen vergessen.

Hinter den Seitengassen liegen die Felder der LPG und der Staatsfarm. Die Felder sind groß und flach. Die Pflanzen leiden im Winter am Frost, was im Dorf ausfrieren, im Frühjahr an der Feuchtigkeit, was im Dorf ausfaulen, im Sommer an der Hitze, was im Dorf ausdorren genannt wird. Und im Herbst ist die Erntezeit

eine Regenzeit, die in den Zeitungen Ernte-
kampagne genannt wird, die in den Zeitungen
im Oktober abgeschlossen und im Dorf im De-
zember noch nicht beendet ist. Die tiefen Lö-
cher, die man im Winter auf den Feldern sieht,
sind nicht die Furchen der Pflüge, sondern die
Fußstapfen der Bauern, die bei der Ernte bis
über die Stiefel in den Boden sinken. Manche
Bauern sagen, daß es seit der Verstaatlichung,
die im Dorf Enteignung genannt wird, keine
richtige Ernte mehr gegeben habe. Seit der Enteignung, sagen die Bauern, ist auch der beste
Boden nichts wert, und der Dorfälteste be-
hauptet, daß zwischen dem Boden des Haus-
gartens und dem des Feldes ein sehr großer Unterschied ist, so ein großer Unterschied, als
ob's nie derselbe Boden gewesen wär.

Der Boden, der um das Dorf liegt, ist der Boden der LPG und der Staatsfarm. Der Boden
der LPG liegt hinter der ersten Hintergasse,
und der Boden der Staatsfarm hinter der zweiten Hintergasse.

Die LPG besteht aus einem Vorsitzenden,
der der Bruder des Bürgermeisters ist, aus vier
Ingenieuren, von denen einer für das Unkraut,
einer für die sieben Kühe und elf Schweine,
einer für die drei Hektar Gurken und zwei
Hektar Tomaten und einer für die drei Trakto-

ren verantwortlich ist, und aus sieben LPG-Bauern, die über fünfzig sind, im Dorf Mitglieder genannt und von den Ingenieuren mit Mädels und Buben angeredet werden. In den Sitzungen führen die Ingenieure die Mißernten und die Schulden der LPG auf den Boden zurück, der für das Getreide zu sandig und für das Gemüse nicht sandig genug ist. Der Boden ist für die Disteln und Ackerwinden gut, die das Getreide und Gemüse, die von den Ingenieuren Kulturen genannt werden, ersticken. Der Ingenieur, der für das Unkraut verantwortlich ist, sagt, daß der Boden der LPG zu sauer und zu klebrig sei.

Die Staatsfarm besteht aus einem Vorsitzenden, der im Dorf Direktor genannt wird, der der Schwager des Bürgermeisters und der Bruder des LPG-Vorsitzenden ist, aus fünf Ingenieuren, von denen einer für die neun Kühe und fünfzehn Schweine, einer für die sechs Hektar Möhren und zehn Hektar Kartoffeln, einer für das Getreide und einer für den Obstgarten, der im Dorf Baumschule genannt wird, verantwortlich ist, und aus hundert Arbeitern, die in den aufgelassenen Hühnerställen der Staatsfarm wohnen. Die Ingenieure führen die Mißernten der Staatsfarm auf den Boden zurück, der für das Getreide zu salzig und für das Gemüse und die Obstbäume nicht salzig genug ist. Gut ist der Boden für den Klatschmohn und die Kornblumen, die bunt im Feld leuchten und, wie die Ingenieure sagen, auch auf den Fotos sehr grell leuchten. Der gewesene Ingenieur, der für das Unkraut verantwortlich war, hat im vergangenen Jahr dank dieser grellen Farben des Klatschmohns und der Kornblumen bei einer Freundschaftsausstellung rumänischer und bulgarischer Fotografen in Craiova für ein Farbfoto den ersten Preis erhalten, was im Dorf gewonnen genannt wird. Der Preis bestand aus einer Italienreise. Seit dieser Reise ist der Brigadier, der der Cousin des Bürgermeisters, des LPG-Vorsitzenden und des Staatsfarmdirektors ist, für das Unkraut verantwortlich.

Hinter der dritten Hintergasse liegt der Friedhof. Der Friedhof hat einen Schlehdornzaun und ein schweres schwarzes Eisentor. Am Ende des Hauptweges steht die Kapelle, die eine Miniatur der Dorfkirche ist und wie eine etwas höhere Sommerküche aussieht.

Die Kapelle wurde vor dem ersten Weltkrieg vom damaligen Metzger, der, nachdem er den Krieg überlebt hatte, nach Rom gefahren war, wo er den Papst, der im Dorf der heilige Vater genannt wird, gesehen hatte, gebaut, was im Dorf gestiftet genannt wird. Seine Frau, die im Dorf, obwohl sie Schneiderin gewesen ist, Metzgerin genannt wurde, starb ein paar Tage, nachdem die Kapelle fertig war, und wurde in der Familiengruft unter der Kapelle begraben, was im Dorf beigesetzt genannt wird.

Unter der Kapelle gibt es außer Würmern und Maulwürfen, die es im ganzen Friedhof gibt, auch Schlangen. Aus Ekel vor diesen Schlangen ist der Metzger heute noch am Leben und zum Dorfältesten geworden.

Alle Toten, außer der Metzgerin, liegen, was im Dorf ruhen genannt wird, in Gräbern. Die Toten des Dorfes haben sich zu Tode gegessen, zu Tode getrunken, was im Dorf zu Tode gearbeitet genannt wird. Ausnahmen bilden die Helden, von denen man annimmt, daß sie sich zu Tode gekämpft haben. Selbstmörder gibt es im Dorf keine, da alle Dorfbewohner einen gesunden Menschenverstand haben, den sie auch im hohen Alter nicht verlieren.

Die Helden, die im Dorf Gefallene genannt werden, sind, um zu beweisen, daß sie nicht vergebens gestorben sind, was im Dorf den Heldentod gefunden haben genannt wird, weil man wahrscheinlich annimmt, daß sie ihn gesucht haben, auf demselben Friedhof gleich zweimal begraben: einmal im Grab der jeweiligen Familie und einmal unter dem Heldenkreuz. In Wirklichkeit liegen sie aber irgendwo in einem Massengrab, was im Dorf im Krieg geblieben genannt wird. Die Gefallenen haben meist weiße oder graue Obeliske auf den Grabhügeln. Die Toten, die vor Jahren Feld hatten, haben jetzt weiße Marmorkreuze über den Köpfen. Ihre Taglöhner, die im Dorf Knechte genannt wurden, verzinnte Blechkreuze und die jung verstorbenen alleinstehenden Mägde, die im Dorf Dienerinnen genannt wurden, haben schwarze gebeizte Holzkreuze über den toten Köpfen. So sieht man auf dem Friedhof, wenn ein Toter begraben wird, ob seine Vorfahren, die im Dorf Ahnen genannt werden, Herren oder Knechte waren.

Das größte Kreuz ist das Heldenkreuz. Es ist höher als die Kapelle. Darauf sind die Namen aller Helden aller Fronten aller Kriege, selbst die der Vermißten, die im Dorf Verschleppte genannt werden, verzeichnet.

Ich schließe das schwarze Friedhofstor hinter mir. Hinter dem Friedhof liegt die Wiese, die im Dorf Hutweide genannt wird. Auf der Hutweide stehen vereinzelte Bäume.

Ich klettere auf einen Baum, der am Rand

der Wiese steht, der aber ebensogut in der Dorfmitte stehen könnte, falls er nicht gar in der Dorfmitte steht. Ich halte mich mit beiden Händen an einem Ast fest und sehe die Kirche des Nachbardorfes, auf deren dritter Treppe sich ein Marienkäfer den rechten Flügel putzt.

Die große schwarze Achse

Der Brunnen ist kein Fenster und kein Spiegel. Wer zu lange in den Brunnen schaut, schaut auch zu oft hinein. Großvaters Gesicht wuchs wie von unten neben meines hin. Zwischen seinen Lippen stand das Wasser.

Durch den Brunnen sieht man, wie die große schwarze Achse unterm Dorf die Jahre dreht. Wer einmal krank bis in die Augen war, und mit dem einen Aug im Tod, hat sie gesehn. Großvaters Gesicht war grün und schwer.

Die Toten drehn die Achse rundherum wie eine Pferdemühle, damit auch wir bald sterben. Dann helfen wir die Achse drehn. Und je mehr Tote sind, je leerer wird das Dorf, je rascher geht die Zeit.

Der Brunnenrand war wie ein Schlauch aus grünen Mäusen. Großvater seufzte leis. In seine Wange sprang ein Frosch. Und seine Schläfe sprang in dünnen Kreisen über mein Gesicht, und nahm sein Haar, und seine Stirn, und seine Lippen mit dem Seufzen mit. Und nahm auch mein Gesicht mit an den Rand.

Großvaters Rockärmel lehnte an meiner Hand. Hinter den Bäumen stand der starre Mittag. Und in den Bäumen war ein Zittern und kein Wind. Und überm Pflaster war ein Mittagläuten wie aus Steinen.

Die Mutter stand im Türrahmen und hatte Dampf im Haar und rief zum Essen. Und Vater kam durchs Gassentor mit einem langen Schatten überm Sand und legte einen Hammer untern Baum. Ich ging auf den Pflastersteinen meinem Schatten nach und hob die Schuhe aus dem Schatten meiner Beine.

Großvater schob mich mit dem Rockärmel durch die halboffene Küchentür. Sein Rockärmel war lang und dunkel war er wie ein Hosenbein. Auf dem Tellergrund, durch die grünen Petersilienadern, wollte ich die schwarze Achse sehn, die unterm Dorf die Jahre dreht. Der Mutter klebte ein aufgeweichtes Petersilienblatt zwischen den Lippen und dem Kinn. Und schlürfend sagte sie: «Die Hunde bellen heute wie verrückt im Dorf.» Vater fischte die ertrunkene Ameise mit dem Zeigefinger an den Tellerrand. Und Mutter schaute hin auf seine Fingerspitze und sagte wie für sich: «Es ist ein Pfefferkorn.» Und Vater schlürfte schon ein Suppenauge und sagte leis: «Die Zigeuner sind im Dorf. Sie sammeln Speck, und Mehl, und

Eier ein.» Mutter zwinkerte mit ihrem rechten Aug. «Und Kinder», sagte sie. Und Vater schwieg.

Großvater beugte das Gesicht und stieg mit langen dunklen Hosenbeinen, mit einem nackten Fuß, der einen Löffel hielt, voraus, in den Tellergrund. «Die Zigeuner sind Ägypter», sagte er. «Sie müssen dreißig Jahre wandern. Dann kommen sie zur Ruh.» «Dann helfen sie die Achse drehn», sagte ich und schaute ihn nicht an. Und Vater schob den leeren Teller von sich weg und schnalzte mit der Zunge in seinem hohlen Backenzahn: «Heute abend spielen sie Theater.» Und Mutter stellte Vaters leeren Teller über meinen Tellergrund.

Großvater schwitzte um den Hals. Sein Hemdkragen war innen feucht und schmutzig.

Hinterm Fensterglas wie unterm Wasserspiegel stand das Gesicht der Nachbarin. Leni hatte zwei Falten auf der Stirn. Die eine Falte kannte ich. Sie war wie eine Schnur.

Seit dem Frühjahr half auch Lenis Vater unterm Dorf die große schwarze Achse drehn. Großvater war ihn an seinem letzten Sonntag, wie die Mutter später sagte, vor dem Mittagsläuten noch besuchen.

Es waren weiße Aprikosenbäume überm Hof und Kohlweißlinge flatterten durch die

Luft. Und Großvater ging ohne Rock, obwohl es Sonntag war. Großvater ging im weißen Hemd. «Damit ich nicht so schwarz daherkomm», sagte er.

Ich fragte Großvater unter den weißen Aprikosenbäumen, ob der Nachbar krank bis in die Augen sei, ob er die Achse unterm Brunnen sieht. Großvater nickte stumm.

Da wollte ich das Auge sehn. Da fragte ich zwei Schritte hinter seinen Sonntagsschuhn: «Nimmst du mich mit.» Großvater blieb stehn: «Die Leni hat seit Dienstag nacht ein Kind. Wenn du es sehen willst, dann nimm ihr Blumen mit.»

Ich schaute um mich her, an meinem Rock vorbei. Im Garten grünte zögernd der Salat, und Zwiebelblätter wuchsen wie Schläuche aus der Erde. Die Pfingstrosen hatten über ihren Blättern braune Knospen stehn mit Haut bedeckt wie Fingerknoten. Großvater wischte an seinem dunklen Hosenbein. «Ich komm nicht mit, es blüht noch nichts.» Ich sagte es und schaute nur auf seine Hand.

Großvater hob die Hand über den Kopf und zog den tiefen Ast des Aprikosenbaumes herab. Ich brach zwei Zweige ab. Sie flatterten beim Gehen Schnee über mein Kleid. «Einen gebe ich dem Kranken», sagte ich. Großvater schaute über die Zäune. «Wenn du ihm Blumen gibst, dann schickst du ihn ins Grab.» «Ist er todkrank», fragte ich im Gras. Ich ging einen halben Schritt hinter Großvaters Sonntagsschuhn. Es blühte Meerettich um ihre Sohlen. Der roch so bitter und war nicht zum Schenken.

«Man sagt nicht todkrank, man sagt schwerkrank, wenn man zu Kranken geht.» Großvater sagte: «Merk dir das» mit halbgeschloßnen Augen.

Der Nachbar lag wie schlafend. Auch sein Mund war zugedeckt mit einer Decke, die so weiß und steinig war vor Stärke wie die Zimmerdecke. Die Stirn des Kranken war durchtränkt vom Wasser. Der Tod war naß.

Großvater setzte sich auf einen Stuhl vors Bett. Er zog die Sonntagsschuhe untern Stuhl und fragte, als wär auch seine Stimme krank: «Wie geht's.» Und bei dem kurzen Fragen schloß Großvater die Augen.

Der Kranke öffnete die Augen groß und grau. Ich sah den Brunnen nicht. «Das Leben, Gregor, ist ein großer Dreck, sonst nichts», sagte der Kranke so laut, daß es geschrien war. «und wenn man jung ist, ist man dumm wie Stroh.» Er schaute mit den grauen Augen Leni an. Die drückte beide Hände auf den Mund, daß ihr die Aprikosenzweige auf den Wangen schneiten. «Hör endlich auf», schrie sie. Ihr Gesicht war jung und welk. Und meine Zweige waren über ihren Händen kahl. Da nahm Leni die Hand vom Mund, die Hand mit den Zweigen. «Der Arzt hat ihm gesagt, er soll nicht nachdenken und soll nicht reden», sagte sie. Und ohne es zu merken, nahm sie auch die zweite, nahm sie auch die leere Hand vom Mund.

Großvater rückte seine Schuhe unters Knie. Ohne Leni anzusehen, fragte er: «Wie geht's dem Kind.» Leni sagte: «Gut. Es wächst.» «Es wächst, wächst wie ein Wurm», sagte der Kranke, «und wenn es großgewachsen ist, wird es dich fragen, wer sein Vater ist. Und du wirst vor ihm stehen wie eine Kuh.» Großvater steckte seine Hände in die Hosentaschen: «Es wird auch ohne Vater groß», sagte er zu seinen Sonntagsschuhn. «Und wenn es fragen wird, dann werd ich sagen: dein Vater war ein Säufer und ein Hurenbock», sagte Leni. Großvater hob das Gesicht. Mit beiden Augen schaute er in Lenis Augen. «Jeder Mensch hat Fehler», sagte er, «und jeder Mensch, der Fehler hat, muß Fehler machen.»

Leni schaute auf den Kranken, und schaute mit der Wange und der Ohrmuschel zu mir, und sagte: «Weißt, der Storch hat mir einen kleinen Jungen, einen kleinen Franz gebracht.» Leni hatte eine Falte auf der Stirn. Die war wie eine Schnur. «Den Vater sucht er noch», Leni legte ihre Hand auf meinen Nacken.

Großvater erhob sich vom Stuhl. Der krachte laut. Der Kranke streckte einen Fuß zum Bett hinaus, als strecke er ihn durch die Zimmerdecke. Sein Hohlfuß war so tief, daß ich von unten seine Augenhöhlen sah.

Im Nebenzimmer schrie der kleine Franz. Es war kein Weinen, nur ein Schreien war's, groß wie die Zimmerwand.

Jetzt stand Leni hinterm Fensterglas. Zwischen den beiden Falten auf der Stirn war Haut über ein Jahr gespannt.

Leni sagte hinterm Fensterglas: «Seit gestern abend fehlt mein rotes Huhn.» Die Mutter öffnete das Fenster. Ihr Haar flog auf die Straße. Die Fensterflügel standen über Mutters Schultern wie zwei Spiegel. Mutter sagte: «Die Zigeuner sind im Dorf.»

Großvater schob den leeren Teller von sich weg. «Seit heute morgen, nicht seit gestern abend», sagte er. Leni schaute in den Fensterspiegel und lächelte, daß ihre Mundwinkel die Wangen ganz verzerrten. «Die junge, magere, die mit dem ausgeschnittenen Kleid, so heißt es, spielt die Genoveva», sagte sie. Und Mutter hatte keine Zeit zum Atmen und flüsterte: «Wer weiß, wo sie's gestohlen hat.» Sie wetzte mit den Ellbogen am Fensterbrett. Und Leni schaute über Mutters Schulter in den Fensterspiegel und sagte wie verträumt: «Das Kleid, wer weiß. Aber die hat doch Flöhe.» Die Mutter drehte das Gesicht zu Vater und sagte lachend: «Oben hui und unten pfui.» Vater biß sich auf den Zeigefinger. Und Leni kicherte: «Sie wollte Speck. Ich hab sie fortgejagt.»

Leni ging, und eine Wolke stand im Fensterspiegel. Die Mutter stand am Tisch. «Der Storch sucht immer noch den Vater für den kleinen Franz», sagte ich und schaute auf die Straße.

Und Vater ging unter den Baum, dem Hammer nach. Und Großvater ging mit blanker Sense in den Klee, dem Sommer nach. Ich sah, wie sich die Halme vor seinen Füßen niederlegten, als wären sie zu schwer und viel zu müd.

Ich las in meinem Buch: Da drehte sich der Königin das Herz im Leibe um vor Haß.

Die Mutter trug den blauen Eimer in den Stall.

Da ließ die Mutter einen Schatten hinter sich.

Da ließ die Königin den Jäger rufen. Du sollst sie töten, sagte sie zu ihm.

Die Mutter kam mit einer Kette aus dem Stall.

Aber der Jäger hatte ein weiches Herz. Er brachte der Königin das Herz eines jungen Rehs.

Die Kette rasselte in Mutters Hand. Mutter schlängelte sie neben ihren runden Waden.

Das Herz blutete.

Die Mutter ließ die Kette neben ihre nackten Füße fallen: «Sie ist zerrissen», sagte sie. «Trag sie zum Schmied. Hier ist das Geld.»

Die Königin ließ das Herz in Salz kochen und aß es.

Ich hielt den Zehn-Lei-Schein in der einen Hand, und in der andren Hand hielt ich die Kette. Und Mutter fragte: «Hast du ein Taschentuch. Halt dir die Augen zu und schau nicht in die Glut.»

Mutters Mund stand hinter mir im Gassentor und rief: «Komm schnell zurück, gleich wird es Abend, und dann kommt die Kuh.»

Die Hunde bellten rasch an mir vorbei. Die Sonne hatte einen langen Bart. Er flatterte und zog sie an den Maisstengeln hinunter, unters Dorf. Es war ein Bart aus Glut. Und Glut war unterm Blasebalg des Schmieds.

Großvater war mit dem Schmied im Krieg Soldat gewesen. «Der erste Krieg, das war ein Weltkrieg», hatte er gesagt. «Und wir, die jungen Männer, waren in der Welt.»

Die Gärten waren hoch. Es wuchsen Schatten. Die Gärten waren nicht aus Erde. Sie waren nur aus Mais.

«Nicht im Krieg hat er sein Aug verloren», hatte Großvater gesagt. «In Kriegen stirbt man, und wenn man stirbt, dann stirbt man ganz.» Sein Schnurrbart zitterte. «Nicht unterm Dorf, nein, weit von hier, ja weit von hier, weit in der Welt. Wer weiß, wo sie jetzt die große schwarze Achse drehn. Sein Aug hat er verloren in der Schmiede.» Großvater hatte mal gesagt: «Als reifer Mann.»

Dem Schmied ist Glut ins Aug gespritzt. Die hat gebrannt. Sein Aug war dick und blau wie eine Zwiebel. Und als der Schmied das Zwiebelauge nicht mehr tragen konnte, weil es ihm den ganzen Kopf gefressen hätte, und den Verstand, hat er es mit der Nadel aufgestochen. Das Zwiebelaug ist tagelang geronnen, schwarz und rot, und grün, und blau. Und alle Leute haben sich gewundert, daß ein Aug, ein Augenlicht so viele Farben hat. Der Schmied lag in den Rinnsalen des Augenlichts im Bett, und alle Leute haben ihn besucht, bis sein

Auge ausgeronnen war. Da war die Augenhöhle leer.

Auf der Straße fuhr ein Traktor. Er rassselte
unter die Häuser und zog einen Acker aus Staub
hinter sich her. Der Traktorist hieß Ionel. Er
trug auch im Sommer die gestrickte Kappe mit
der dicken Quaste. An seiner Hand blinkte der
dicke Ring. «Der ist nicht aus Gold», hatte
Mutter gesagt, «das sieht man.» Und zur Tante
hatte sie gesagt: «Die Leni ist dumm wie Stroh,
weil sie sich mit dem Traktoristen eingelassen
hat. Der versäuft sein Geld, und um die Leni
kümmert der sich einen Dreck.» Und der Onkel
hat seine Schuhe geputzt, hat draufgespuckt
und mit dem Lappen fest gerieben, und hat gesagt: «Ein Walach ist ein Walach, mehr gibt's
da nicht zu sagen.» Und seinen kahlen Kopf hat
er gewiegt. Und die Tante hat die Schultern
leicht gehoben, und geflüstert hat sie: «Daß die
Leni nicht an ihren Vater denkt, der kränkt sich
noch zu Tode.»

Die Quaste zitterte auf Ionels Kopf. Ionel
·fuhr und pfiff, und der Traktor walzte sein Lied
in den Staub, in die Erde. Der Staub fraß an
meinem Gesicht. Das Lied, das Ionel pfiff, war
noch immer nicht zu Ende, war immer noch
nicht totgewalzt. Das Lied war länger als die
Straße.

Der Mond war erst der Schatten eines Mondes, war neu und noch nicht aufgegangen. Sein Licht stand weit wie in Gedanken dort am Himmel. Und in der Sonne schimmerte noch Glut.

Großvater saß vor einem Jahr am Ostersonntag mit dem Schmied und einer Flasche Wein im Wirtshaus. Ich stand an seinem Ellbogen am Tischrand, weil ich mit ihm in die Kirche gehen sollte. Der Schmied trank eine Flasche durchsichtigen Schnaps und sagte: «Kriegsgefangenschaft» und «Heldenfriedhof». Und Großvater sagte durch den roten Tropfen Wein am Rande des Glases «Strategie» und «Mostar», sagte er, «der Wilhelm liegt in Mostar».

Auf dem Weg durchs Dorf sang der Schmied La Paloma. Seine Hand tanzte in der Luft, und sein Auge tanzte mit. Nur seine leere Augenhöhle konnte sich nicht drehn. Großvater lächelte, und schwitzte, und schwieg in seinem Glück. Und seinen Augen sah man an, daß sie zurückschauten in andre Jahre. Die häuften sich, weil sie schon in der Erde waren. Und seine Beine traten stelzend auf und gingen langsam.

Ionel warf seinen Acker übers Dorf, über die Dächer und fuhr hinter der Kirche in die Bäume.

Vor mir ging die Kantorin. Ihr Kleid flatterte mit blauen Blumensträußen. Einmal war sie bei einem Begräbnis mitten im Singen neben dem Pfarrer zusammengebrochen. Ihr Mund stand damals offen und schäumte weiß, daß es Meerrettich war, der ihr am Hals in den Kragen tropfte. Großvater knöpfte damals seinen schwarzen Rock auf und sagte mir ins Ohr: «Sie hat die Hinfallende. Gleich ist es vorbei.»

Ich sah die Mühle dreimal. Zweimal stand sie Kopf, einmal im Teich und einmal in den Wolken. Eine rote Wolke war die Königin. Sie hatte Glut im Kleid und schaute durch ihr graues Haar auf meine Kette.

Hinter mir gingen Schritte. Die hallten unters Pflaster und kamen hinter meinen Fersen aus dem Gehsteig heraus. Ich schaute mich nicht um. Die Schritte waren nicht so dicht und waren größer als die meinen. Meine Kette schlängelte neben den Hosenbeinen, als der Agronom mich überholte. Ich murmelte etwas, wie einen Gruß, etwas, was er mit hohen weißen Ohren in den blanken Schuhen gehend überhörte.

Der Agronom hatte einen hellgrauen Anzug mit dunkelgrauem Muster an. Es war ein Fischgrätmuster, und es war hell an den

Schultern und dunkel am Rückgrat. Der Agronom ging mit schwarzen Wirbeln in seinen Fischgräten hinter der Kantorin her. Sein Weg war kniehoch über der Erde, war nicht auf dem Pflaster. Sein Weg war auf den Waden der Kantorin, bleich und oval war sein Weg, und ein wenig zu schmal an den Fersen. Und er stürzte auch ab, an den Fersen, und er kam diesem flatternden Kleid nicht mehr nach. Und es blieb ihm der breitere tiefere Gang, vor mir, auf dem Pflaster.

Auf der anderen Straßenseite ging der Briefträger. Der Schirm seiner Mütze war wie ein Dach. Ich sah die Wurzeln seines Gesichts, ich sah seinen Schnurrbart. Seinen Mund sah ich nicht.

Meine Kette rasselte in meinen Sohlen. Ich ging nicht zur Schmiede. Ich ging auf den Bahndamm zu. Denn hinterm Bahndamm hörte ich ein Lied. Und das Lied war im Bahndamm drin, es war lang und hoch, daß es ins Dorf fließen mußte, das Lied. Und das Lied war weich und traurig, wie Regen im Sommer auf der Erde.

Das Lied kam aus einer Geige. Und die Saiten waren wie Drähte an den Telegrafenstangen übers Dorf gespannt. Und eine Männerstimme sang so tief wie aus der Erde. Sie sang von Pferden und vom Hungerleiden auf den großen Straßen.

Auf dem Bahndamm, neben den Schienen, auf denen schwarze Züge fuhren, wuchs viel Gras. Das Gras zitterte vom Sog der Züge, die lange schon vorbei waren, im Tal. Und von den Zügen zitterte das Gras, die niemals in die Nacht fuhren, die erst ins Dorf kamen am nächsten Tag.

Im Gras, das immer zitterte und eine Weile mit den Zügen fuhr, weideten Pferde. Eines der Pferde hatte rote Bänder in der Mähne. Die Pferde hatten knochige Gesichter. «Sie müssen dreißig Jahre wandern. Dann kommen sie zur Ruh.» Auch die Pferde der Zigeuner sind Zigeuner.

Hinterm Bahndamm standen zwei Zigeunerwagen mit runden, aufgespannten Planen. An den Rädern hingen staubige Laternen mit ertrunkenem und schwarzem Docht.

Neben den Wagen war ein offener Kreis aus Leuten. Die aus der letzten Reihe hatten Hosenbeine, und Waden, und Rücken, und Köpfe. Und die aus der vorletzten Reihe hatten Schultern, und Hälse, und Köpfe. Und die aus der ersten Reihe hatten Haarspitzen, und Hutränder, und Kopftuchenden.

Vor den Leuten war eine Wand aus Tuch,

ein Bühnentuch. Und vor dem Bühnentuch war die Bühne. Und auf der Bühne stand der Jäger. Er hatte einen grünen Anzug an. Er sagte: «Mein Herzog», und hielt ein großes rotes Herz in der Hand.

Die Kantorin hob das Kinn zu hoch. Ihr Mund stand offen. Sie bewegte die Lippen und griff sich ins Haar. Als die Stimme des Herzogs am lautesten war, blinkte in ihrem Mund ein Zahn.

Der Sänger kam auf die Bühne. Er drückte das Kinn auf die Geige und spielte und sang: «Du schwarzer Zigeuner, komm spiel mir was vor.» Meine Tante hatte feuchte Augen und drückte sich die Finger auf den Mund. Mein Onkel blies ihr einen großen grauen Rauchvogel ins Haar. Seine Backenknochen bewegten sich.

Ich legte meine Kette ins Gras, damit sie das Lied nicht durchrasselt und stellte mich neben den offenen Kreis, neben das Bühnentuch. Der Agronom steckte die Hand in die Rocktasche, und ich sah diese Hand wie den Bauch eines Fischs unterm Stoff. Der Agronom schaute über die Geige des Sängers am Gesicht der Verkäuferin vorbei auf den Hals der Kantorin. Ihre Waden waren von den Hosenbeinen des Briefträgers bedeckt.

Genoveva schaute ihr Gesicht im Wasserspiegel eines runden Blechtrogs an. Der Blechtrog war mit grünen Pappelzweigen eingeflochten und war im Wald ein See.

Genoveva schloß die Augen. Sie streifte ihren Ehering vom Finger, schaute ihr Kind an und ließ den Ring ins Wasser fallen. Sie saß lange gebückt vor dem See und weinte.

Leni stand in der zweiten Reihe neben der Schneiderin meiner Mutter. Die trug ein erbsengrünes Kleid mit einem weißen Spitzenkragen. An Mutters Kleidern nähte sie die Brusteinnäher jedesmal zu tief. So waren Mutters Kleider alle welk, und welk waren darunter ihre Brüste. Leni schaute in den tiefen Brustausschnitt der Genoveva, Leni war, seitdem ihr Vater an der großen schwarzen Achse drehte, schwarzeingeschlossen in eine Trauerkleid. Sie zupfte an den Knöpfen ihrer Trauer und flüsterte der Schneiderin etwas ins Ohr. Und an dem Brustausschnitt vorbei, floß ihr der Augenwinkel zu Ionels Gesicht. Ihr seidnes Kopftuch hatte einen schwarzen Zipfel. Der erschreckte sich, als er den weißen Spitzenkragen streifte. Die Schneiderin verzog den Mund. Ionel wippte mit der Quaste seiner Kappe vor der Stirn des Schmieds.

Der Herzog bückte sein Gesicht über den

Schnee und ließ die Hände ins Wasser sinken. Der Schmied befeuchtete seine Lippen am Flaschenhals. Die Mütze des Briefträgers war ihm ins Gesicht gerutscht. Der Schirm fraß seine Stirn. Der Schnurrbart fraß seinen Mund.

Der Herzog hielt einen Fisch in der Hand und schnitt den weichen Bauch mit einem kleinen Messer auf. Das Messer hatte einen weißen Griff. Im Bauch des Fisches war der Ehering der Herzogin.

Ich hörte hinterm Bahndamm Kühe gehen. Ihr Muhen war vom Abend langgedehnt und müde war es von der Weide. Meine Kette lag neben einem großen Schuh. Der Briefträger warf einen Zigarettenstummel neben sie. Der glühte wie ein Auge.

Der Sänger kam vors Bühnentuch. Er drückte das Kinn auf die Geige. Er spielte und sprach: «Das rote Herz war nicht das Herz unserer Herzogin. Es war das Herz eines Hundes.»

Der Briefträger riß die Mütze vom Kopf und schwenkte sie in der Luft. Seine Stirn leckte sein Haar bis auf den Hinterkopf. Ich schwenkte mein Taschentuch und schaute seinem Wind und seinem weißen Flügel nach.

Der Sänger sang ein Lied von schönen

Fraun. Sein Mund verweichte auf der Geige. Der Schmied hob die Flasche an die Lippen und schloß sein buntes Augenlicht, das noch nicht ausgeronnen war. Er lächelte und schluckte. Ionels Quaste stand im Klang der sanftbesungenen Liebe in seiner leeren Augenhöhle und war ein wollnes Auge. Der Schmied hob die Hand und rief: «Meister, sing uns La Paloma.» Der Sänger klimperte, bis er das Lied in seinen Fingern und auf seinen Lippen fand. Mein Onkel wiegte den kahlen Kopf und klatschte. Und meine Tante zerrte mit krummen Fingern an seinem Ärmel und zischtelte: «Du Narr.»

Die Kantorin summte in sich hinein. Der Agronom tanzte mit dem Knie. Ionel tanzte mit dem Finger. Der Schmied sang laut und heiser mit. Leni stand eine runde Träne auf der Wange. Die Schneiderin riß sich vom schwarzen Trauerstein und Lenis Träne los, war erbsengrün, und in der Freude ihres weißen Spitzenkragens rief sie: «Bravo.»

Der Herzog ging über die Bühne. Hinter ihm gingen drei Diener, und hinter den Dienern ging ein Pferd. Die Diener waren kleiner als der Herzog und älter, und das Pferd hatte rote Bänder in der Mähne.

Ionel schaute auf die Beine des Pferdes. Seine

66

Quaste streifte den Mund des Schmieds. Leni kaute am seidnen Zipfel ihres Kopftuchs.

«Euer Gnaden», sagte der älteste Diener, «der Jäger hat gestanden, daß Genoveva lebt.» Der kleinste Diener lief und zeigte mit der Hand auf ein Gestrüpp. Die Schneiderin flüsterte Leni etwas ins Ohr.

«Ist's Traum, oder ist's Wirklichkeit», rief der Herzog. Genoveva erhob sich aus dem Gestrüpp. Ihr Haar war lang und schwarz. Ihr Haar war an den schwarzen Enden in die Nacht geglitten. Ihr Kleid war leicht und war nicht welk. Sie lief auf den Herzog zu. Hinter ihr lief ihr Kind. Das hielt einen großen Schmetterling in der Hand. Der zitterte vom Laufen und war bunt. Als das Kind hinter Genoveva stehenblieb, rief der Herzog: «Meine Genoveva», und Genoveva rief: «Mein Siegfried.» Sie umarmten sich, und der Schmetterling zitterte nicht. Der Schmetterling war tot und war aus Papier.

Der Briefträger biß sich auf die Wurzeln seines Gesichts. Er hatte eine Lippe und Zähne hatte er. Und seine Zähne hatten eine Schneide. Die Kantorin lachte. Ihre Zähne waren weiß, waren Meerettich und waren Schaum. Auf ihrer Schulter hing ein blauer Blumenstrauß und neigte sich auf ihren Arm.

Das Pferd mit den roten Bändern fraß Gras auf der Bühne. Siegfried hob das Kind gegen den Himmel. Die nackten Füße baumelten vor seinem Mund. Siegfrieds Mund stand offen. «Mein Sohn», sagte er, und sein Mund war so groß, als würde er die nackten Zehen seines Kindes atmen. Und zu den Dienern sagte Siegfried: «Jetzt feiern wir, jetzt wird es lustig sein, mein Volk, und tanzen.» Er hob Genoveva und das Kind in den Sattel. Das Pferd stampfte mit dem Hufe im Gras. Ich wußte, daß es oben auf dem Bahndamm von dem Gras gefressen hatte, das immer zitterte und immer eine Weile mit den Zügen fuhr. «Von diesem Gras muß es bald wandern», dachte ich.

Genoveva winkte mit der Hand, und das Kind winkte mit dem toten Schmetterling. Ionel winkte mit dem dicken Ring, der Briefträger winkte mit der Schirmmütze, der Schmied winkte mit der leeren Flasche. Leni war schwarzeingeschlossen und winkte nicht. Die Schneiderin rief: «Bravo.» Der Agronom winkte mit dem Fischgrätenärmel, und mein Onkel rief: «Deutsche Zigeuner sind Deutsche.»

Meine Kette war schwarz wie das Gras. Ich sah sie nicht. Sie war mit ihren Enden in die Nacht geglitten. Ich trat mit dem Fuß nach ihr

und hörte sie. Ich schwenkte mein Taschentuch.

Der Sänger kam auf die Bühne und winkte
mit der Geige. Er sang mit gebrochener
Stimme, und der Bauch seiner Geige war tief
wie die Nächte und summte unter mir: «Das
Schicksal ist manchmal so schwer / und wenn
man glaubt, es geht nicht mehr, / kommt von
irgendwo ein Lichtlein her.»

Die Kantorin weinte in ein zerknülltes Taschentuch. Neben den Sänger trat ein Mädchen. Es trug eine brennende Laterne. Es hatte
eine große welke Rose im Haar. Und nackte
Schultern hatte es, die waren durchleuchtet,
und waren aus Glas. Der Agronom glitt mit
den Augen über das Glas dieser Schultern und
seine Fischgräten drängten ihn dicht neben
mich, näher zur Bühne.

Der Sänger sang ein Lied von wenig Essen
und wenig Geld. Die Arme des Mädchens waren durchsichtig vor glatter Haut und sie rasselten von den vielen wilden Armringen, die zu
den Ellbogen hinauf und gleich wieder zurück
über die Hände stürzten. Die Armringe zerbra-
chen schillernd und waren in der Flamme der
Laterne wieder ganz, und heiß durchleuchtet
waren sie vom Licht.

Das Mädchen hielt einen schwarzen Hut in

der Hand und ging von Gesicht zu Gesicht, von Hand zu Hand.

Mein Onkel in der letzten Reihe hatte ein flammendes Gesicht und ließ eine Handvoll Münzen in den Hut fallen. Der Kantorin fiel ein zerknüllter Geldschein aus der Hand. Die Laterne durchglühte ihren Hals und schwemmte ihn, bis das Geld im Hut versunken war, hinaus aus der Nacht.

Das Mädchen hatte ein weißes Leibchen an. Das war oval und knapp wie Augenweiß, daß man im Schimmer der Laterne die runden braunen Augen ihrer Brüste darin schwimmen sah. Der Briefträger hielt seine Hand über den Hut. Sein Schnurrbart zitterte, und seine Augen legten sich wie Kelchblätter um die kleine welke Rose, die das Mädchen im Nabel trug.

Die Hand des Agronoms klimperte, als wären die Fischgräten dürr. Die Schenkel des Mädchens glitten an ihr herauf bis unter die Arme, sie schüttelten die Hüften und teilten die Fransen des Rocks. Und die Fischgräten des Agronomen standen in zuckendem Grau, und seine Augen drängten sich mit den Augen Ionels auf dem schmalen seidenen Dreieck, das zwischen den Schenkeln des Mädchens war.

Lenis Augen waren groß und in den Augenwinkeln hart und weiß wie Grabsteine. Ionel blinkte mit dem Ring über dem schwarzen Hut. Seine Lippen waren naß, und seine Kehle stieg ihm in den Gaumen.

Meine Augen ertränkte das seidene Dreieck. Ich ließ mein Geld an den wilden Armringen vorbei, in den Hut fallen. Meine Hand erschrak, als ich die langen schwarzen Haare um das weiße Dreieck neben meinen Fingern sah.

Leni hatte die Schneiderin eingehängt. Sie ging mit ihr auf den Bahndamm zu. Sie gingen wie leere Kleider. Leni schaute sich noch zweimal um. Ionel pfiff sein totgewalztes Lied und schaute das Mädchen mit dem seidnen Dreieck von hinten an. Die Kantorin war schon oben auf dem Bahndamm, und ihr Kleid leuchtete ein wenig und verschwand. Der Agronom steckte die Hände in die Rocktaschen. Das Mädchen trug den Hut hinters Bühnentuch. Ionel ging pfeifend zu seinem Traktor.

Der Bahndamm war schwarz und hoch, und das Gras war schwarz und tief. Meine Kette lag nicht neben meinem Schuh. Ich bückte mich. Soviel Erde war vor meinem Gesicht, und ich drehte mich in vielen Kreisen. Das Gras war feucht und meine Hände waren kalt. Und meine Kette war ertrunken, hatte sich weggeschlängelt zu den unsichtbaren versteckten Schlangen, war gewandert, dreißig Jahre weit von mir, im Wandern der Zigeuner.

Und meine Kette, und der Schmied, und meine Mutter, und mein Geld.

Das Bühnentuch beulte sich im Wind. Das Feuer der Zigeuner war sehr rot und heiß war es wie mein Gesicht, wie meine Augen, wie mein vor sich hin redender Mund. Und der Rauch des Feuers war dick. Er deckte die Augen der Zigeuner zu, die Schläfen der Zigeuner, und die Hände. Der Rauch des Feuers fraß ihr Haar, zerraufte es und blies es auf wie grauen Teig. Ich stellte mich in diesen Rauch. Er fraß mich nicht, flog in die Luft in feinen Rüschen und erstarrten Fächern, in weißen Anzügen und schwarzen Schuhn. Und ließ mich stehn. Und schickte mich nach Hause.

Der Sänger fütterte die Pferde. Das Pferd mit roten Bändern in der Mähne schaute in den Mond.

Ich ging wie ausgeronnen auf den Bahndamm zu. Der Mond war leer. Vor dem Bahndamm saß eine Frau. Ihre Bluse war schwärzer als die Nacht, und ausgebreitet waren ihre Röcke. Unter ihren Röcken rauschte es. Sie pflückte Gras mit einer weißen Hand und stöhnte laut wie für den Tod. Auf dem Bahndamm stand ein schwarzer Mann und schaute hinauf in den Himmel. «Jetzt wären wir schon längst zu Haus», sagte er. Und seine Stimme war die Stimme meines Onkels.

Es stank nach faulem Fleisch. Meine Tante hob ihre Röcke. Ein heller Fleck stand unter der schwarzen Bluse. Der Fleck war breit, und gleicher war er als zwei Monde. Meine Tante wischte sich mit einem Grasbüschel den Hintern. Mein Onkel ging auf dem Bahndamm auf und ab. Er blieb kurz stehn und: «Menschenskind», rief er, «das stinkt ja wie die Pest.»

Der Himmel roch nach Kot. Der Bahndamm stand schwarz hinter mir und riß den Himmel runter, und schob ihn vor sich auf den Schienen her wie einen schwarzen Zug.

Der Teich war klein und hielt den Spiegel hin. Er konnte soviel Kot und soviel Nacht nicht widerspiegeln. So blieb er blind und starr im Sack des Mondes stehn.

Vor der Mühle stand ein Storch. Sein Flügel war verwest vor Dunkelheit, sein Bein war angefault vom Teich.

Aber sein Hals war ganz weiß. «Wenn er fliegt, stirbt er in der Luft, und alles, was er tut, ist Klage», dachte ich. Und gehend sah ich meine Kette überall aus dunkler Luft und schrie: «Steck deinen Schnabel in den Kot.

Geh in den Schlamm und such den Vater für den kleinen Franz.»

Auf den Straßen standen dichte Bäume. Die blühten in den Frühling. Und wenn der Sommer kam, hatten sie rote Blätter und kein Obst. Und keinen Namen hatten sie, die roten Bäume. Sie rauschten weich und meine Kette war nicht drin.

Und hinterm Zaun bellte das Herz eines Hundes. Und oben in den roten Bäumen fror das Herz eines jungen Rehs.

Und an der Schmiede war das Fenster dunkel, weil der Schmied schon schlief, und weil die Glut schon schlief. Und viele Fenster waren hell und schliefen nicht.

Das Brunnenrad stand still. Der Brunnen schlief und seine Kette schlief. Eine Wolke wanderte im großen Kot. Im Schlaf des Himmels zog sie auf und ab, und hatte weißen wilden Meerettich im Schuh, und flatterte am Hals. Und flatterte am Hals mit Lenis rotem Huhn.

Und über dem roten Huhn schrie ein Gesicht: «Wo ist deine Kette, und wo ist dein Geld.» Das Fenster unsres Hauses war voll mit Glut.

Das Dorf war leer. Gregor, das Dorf war leer. Ich horchte am Fenster. Das Radio schwieg. Und Mutter schrie. Und Vater schwieg.

Großvater schlief. Gregor schlief einen Traum und sah in seinem Traum, wie ein Frosch mir in die Wange springt.

Die große schwarze Achse drehte sich.

Drosselnacht

Wer glaubt mir, daß es an der Drossel liegt,
daß Martin starb.

Ich habe mir keine Jahreszahl gemerkt. Als
es anfing, was ich dir erzähl, war um die Hügelspitzen hinterm Dorf der Wind mit roten
Wolken übers Laub gefallen. Der Morgen war
ein Krug aus Glas und unser Dorf ein Steinhau-
fen auf seinem Grund, so klein und schwarz,
wie ein Käfer, der im Mist der Erde wühlt. Nur
eine Drossel flog über den Krug. Ihr Kopf war
rot, weil sie vom Hügel kam und Wolken mit
sich trug. Unter ihrem Flug war unser Haus,
war unser Hof, war unser Dorf mit einem großen Schatten zugedeckt und unsichtbar. Ich
trug in meiner Schürze Holz. Das Holz riß mir
beim Gehen fast den Bauch unter der Schürze
auf. Jakob kam mit einem braungestrichnen
Holzkoffer die Bodentreppe runter. Der Koffer klapperte. Jakob ließ die Bodentür weit
offen stehn. Hinter seinem Rücken war ein
schwarzes Loch. Es roch nach Mehlstaub und
nach toten Mäusen. Ich blieb mit meinem Holz

neben der Bodentreppe stehn. Ich sagte: Jakob, sag ihm noch einmal, er soll nicht gehn. Jakob schwieg und trug den Koffer vor mir her. Er hielt die Tür auf und ich ging mit meinem Holz an seiner Hand vorbei ins Zimmer. Jakob stellte den Koffer auf den Tisch. Ich ließ mein Holz in einen Korb fallen, der neben dem Ofen stand. Jakob nahm leere Wespenwaben aus dem Koffer. An seinen Fingern hingen Spinnweben und tote Fliegen. Martin stand vor dem Spiegel. Er kämmte sich. Jakob sagte: Martin, die Mutter hat gesagt, daß ich dir nochmal sagen soll, du sollst nicht gehn. Jakob schaute in den Koffer. Martin schaute in den Spiegel. Sein Scheitel lief wie eine Schnur von seiner Stirn den Schädel hinauf. Sein Gesicht war rot, wie der Kopf der Drossel, wie die Wolken überm Hügel. Martin fuhr sich mit dem Kamm durchs Haar. Er schaute sein Gesicht im Spiegel an und schrie: Wenn ich gehen will, dann laßt mich gehn. Jeder, der im Dorf was zählt, muß gehn. Seine Augen glänzten tief im Glas. Jakob legte fünf große Hühnereier auf den Tisch. Er sagte: Gib ihm hartgekochte Eier mit auf den Weg. Ich ließ die Eier mit dem Löffel in den Topf, ins heiße Wasser sinken. Ich weinte und die Eier drehten sich im Topf. Martin wickelte Schweinespeck in Butterpapier und einen Laib Brot und dicke Zwiebeln in alte Zeitungen ein und legte alles in den Holzkoffer zwischen die Wäsche. Jakob hielt ihm noch ein Hemd hin und sagte: Nimm deine Schafwollsocken für den Winter mit. Ich hielt die Schürze über mein Gesicht und sagte laut, daß es beinah geschrien war: Martin, räum den Koffer aus und bleib hier. Von der Drossel sagte ich kein Wort. Die Eier drehten sich im Topf. Die Glut schimmerte durch die Ofenplatte. Sie war rot.

Jakob und Martin gingen vor mir her. Zwischen ihren Schritten hing der braungestrichne Koffer. Ich weiß nicht, wer ihn trug, wahrscheinlich Jakob. Denn so war es damals bei uns im Dorf, daß die Väter, wenn die Söhne in den Krieg gingen, die Koffer bis zum Bahnhof, bis zum Zug, bis an den Rand des Krieges trugen. Bei denen, die vor Martin gegangen sind, hab ich's gesehen. Ich sah die Väter mit den Koffern durch die Fensterscheibe gehn, und sah die Söhne mit den leeren Händen gehn. Und ihre Schritte sah ich, dicht am Pflasterrand und fast im Gras. Jedesmal, wenn ich allein im Zimmer stand, sah ich sie gehn und dachte jedesmal: Wie gut, daß Martin nicht im Zimmer steht und sieht. Ich dachte: Vielleicht merkt er nicht, wie viele gehn. Die Drossel aber flog von Haus zu Haus. Sie flog durchs Dorf, sie flog durchs Jahr.

Ich ging hinter Martin und Jakob her. Sie gingen rasch und zwischen mir und ihnen wehte von der Straße her das Gras. Sie gingen stumm und ich trat leise auf, um mit den Röcken, die ich torkelnd trug, die gleichmäßigen Schritte, die sie gingen, nicht zu stören. Die Hügelspitzen schwammen durch das Laub. Der Morgen war schon groß. Der Krug war eine Schüssel mit einem breiten durchsichtigen Rand. Das Wasser stand kühl überm Dorf. Ich suchte gehend seinen Rand und mir fiel ein, daß meine Mutter, als ich noch ein Kind war, sagte: Das Wasser ist ein böser Spiegel, es zittert und es macht uns alt. Sie beugte ihr Gesicht über den Waschtisch und ihr Zopf hing in die Waschschüssel, als sie das sagte. Und während ich das dachte, sah ich die beiden breiten Rücken vor mir gehn. Ich hörte durch das Wasser überm Dorf die Drossel singen. Ich suchte sie mit beiden Augen, mit den Schläfen, mit der Stirn. Sie war nicht im Wasser überm Dorf. Und was sie sang, war laut und war kein Lied. Auf Martins Rücken zitterte der Rock. Und als ich dieses Zittern nicht mehr in den Augen halten konnte, fiel mir ein, daß ich vor Jahren dieses Lied aus Martins Wintermantel gehört hatte, aus Martins Rücken.

Wir standen auf dem Hügel hinterm Dorf, im nackten Wald, im Schnee. Der Weg war zugeweht. Die Pferde wollten den Wagen nicht mehr ziehn. Wir gingen einem gelben Streifen nach. Es war der Fluß. Als wir oben auf dem Hügel angekommen waren, kam ein Rudel Wölfe heulend auf uns zu. Es war so groß und schwarz, daß der Schnee sich grau verfärbte, daß die Bäume dichter wurden, daß es dämmerte im Wald. Wir zündeten mit einem Bündel Stroh ein Feuer an, um die Wölfe zu vertreiben. Das Feuer brannte schwach. Der Rauch war schwarz und um den Rauch zerfloß der Schnee. Die Pferde rasselten mit dem Geschirr. Der Wagen krächzte. Jakob schlug mit der Lederschnur der Peitsche wilde Kreise durch die Luft und schrie. Ich weinte. Nur Martin stand mit großen Augen hinter einem Schlehenstrauch, der größer war als er und größer als mein schwarzer Regenschirm, mit dem er spielte. Das Rudel war schon auf der Hügelspitze. Die beiden Wölfe, die es durch den Schnee führten, waren so nah, daß wir die Augen glänzen und den weißen Dampf aus ihren Zähnen steigen sahen. Martin spannte den schwarzen Schirm auf und lief zum Feuer. Die beiden Wölfe sahen den aufgespannten schwarzen Regenschirm und blieben stehn. Jakob riß den Schirm aus Martins Hand und ging mit kleinen unsicheren Schritten auf die Wölfe zu. Ich lief zum Wagen und nahm Jakobs Regenschirm. Ich ging mit dem aufgespannten Schirm mit noch kleineren Schritten neben Jakob her. Die Wölfe kehrten uns den Rücken. Sie liefen heulend durch den Schnee, den sie zertreten hatten, über den Fluß ins Tal. Wir stiegen mit den aufgespannten Regenschirmen auf den Wagen. Wir fuhren zurück ins Dorf. Ich brannte, als wir eine Weile fuhren, die Sturmlaterne an. Sie schaukelte mit ihrem schwachen Licht zwischen den Rädern. Martin lag hinterm Sitz mit dem Gesicht auf einem Bündel Stroh und schlief. Er krümmte sich. Als ich eine Decke über seine Füße legte, zitterte sein Rücken. Ich hörte durch den Rücken seines Wintermantels ein Lied. Es war sehr laut und war kein Lied. Als wir am Dorfrand um die Mühle fuhren, fing es mit großen und zerzausten Flocken an zu schneien. Im Hof blies ich die Sturmlaterne aus und Jakob schüttelte den Schnee von unsren großen schwarzen Regenschirmen. Ich hob Martin aus dem Wagen und trug ihn schlafend in sein Zimmer. Er spürte nicht, daß ich ihn trug. Ich legte ihn im Mantel in sein Bett. Am Morgen, als ich in sein Zimmer kam, lag Martin wach im Bett. Er fragte, ob wir bei der Tante Leni sind. Ich sagte: Nein. Ich zog ihm seinen Wintermantel aus. Seine Socken waren naß vom Schnee. Als ich sie von seinen Füßen zog, weinte er und wehrte sich. Jakob schrieb an jenem Morgen, als der Schnee am Dachstuhl runterrutschte und in den Schnee des Hofes fiel, seiner Schwester einen Brief. Er schrieb mehr mit dem Gesicht als mit der Hand. Ich sah seinen langen Zeigefinger, als er den Brief zum dritten Mal und immer lauter vorlas und mit der Fingerspitze über jede Reihe strich, die er geschrieben hatte. Er las, daß wir im Frühjahr kommen werden, daß der Schnee die Wege jetzt verweht, daß der Nachbar, als er um Holz im Wald war, von den Wölfen fast gefressen worden wär. Jakob faltete den Brief. Ich dachte an das Lied, das Martins Rücken durch den Wintermantel auf dem Weg ins Dorf gesungen hatte. Jakob tat den Brief in einem Umschlag und sagte: Das wird Lenis Ende sein, daß sie im Winter stirbt, weil sie taub ist, keiner sie besucht, und wenn sie tot ist, keiner aus dem Dorf sie findet.

Am Bahnhof standen noch vier Väter, und vier Söhne, und vier Koffer. Martin war der fünfte. Als der Zug wegfuhr, winkten sie mit beiden Händen. Sie winkten und sie sangen.

Das Singen wurde leiser und verstummte. Nur die Hände winkten noch, neben dem Zug, im Rauch.

Wir sprachen selten über Martin. Wenn wir es taten, war es nicht über ihn gesprochen. Wenn wir es taten, war es immer nur ein kurzer Satz darüber, wo er jetzt wohl schläft, und was er jetzt wohl ißt, und ob er jetzt wohl friert. Und eines Nachts, im Winter, ging Jakob durch das dunkle Zimmer und legte seine Decke auf den Stuhl. Im Kachelofen schimmerte noch Glut. Ich sah Jakob ohne Decke zu seinem Bett zurückgehn, und sah wie er sich ohne Decke auf das weiße Leintuch legte. Ich hörte, wie er seufzte und nicht schlief. Da setze ich mich auf in meinem Bett und sagte: Die Drossel war am Tag, als Martin ging, so groß, daß sie den Hof verdeckte. Sie sang so laut. Sie hat die Welt verrückt gemacht mit ihrem Krieg. Sie fliegt seit Monaten und hört nicht auf. Auf dem Weg zum Bahnhof hat Martins Rücken zwischen dir und mir ihr Lied gesungen. Jakob drehte das Gesicht zu mir und schrie: Was redest du vom Krieg und von der Welt, du hast doch nichts gesehen von der Welt. Ich weinte still, daß es ein Schweigen war. Jakob schwieg und seine Augen glänzten.

Als das Frühjahr kam, waren wir viel im

Garten und im Hof. Jakob saß täglich im Klee-
garten auf einem Baumstumpf in der Sonne.
Oft drehte er die Sichel in der Hand und schloß
die Augen.

Einmal, als es schon Sommer war und heiß,
saß er so lange mit geschloßnen Augen auf dem
Baumstumpf, daß ich dachte: Er muß einge-
schlafen sein, ich geh ihn wecken. Ich ging
durchs Gartentor und durch den Klee zum
Baumstumpf hin. Als ich die Hand auf seine
Schultern legen wollte, riß er die Augen auf
und schrie: Seit wann stehst du da. Er hatte
nicht geschlafen. Er hatte, weil er taub war,
meine Schritte nicht gehört.

Der Herbst war warm. Die Blätter glühten
auf dem Hügel. Der Postmann reichte Jakob
eine Feldpostkarte übern Zaun. Jakob ging damit ins Zimmer. Er setzte sich an den leeren
Tisch und las. Er las die Karte dreimal vor und
immer lauter, weil er beim Lesen seine Stimme
nicht mehr hörte. Ich saß neben ihm am Tisch.
Ich sah das Bett. Ich sah Martins weiße Schafwollsocken auf dem Leintuch liegen. Sie waren
naß vom Blut. Als ich sie von Martins Füßen
ziehen wollte, wehrte er sich.

Leni war seit dreizehn Jahren tot. Jakob
deckte sich seit jener Drosselnacht nie wieder
zu. Als der Winter kam, blieb er auch am Tag

im Bett. Er röchelte und spuckte Schaum. Er starb in diesem Winter, in dem der Schnee aus Erde war und, wenn er unser Dorf berührte, gleich zerfloß. Das Dorf war so dreckig und so schwarz in diesem Winter, daß es wie ein Käfer im Mist der Erde wühlt.

Ich habe nichts gesehen von dieser Welt, darum versteh ich nichts. Nur denk ich so für mich, wenn ich das Laub über dem Hügel seh, daß unser Dorf so klein geblieben ist im großen Krug. Und keiner suchts und keiner findet es. Und für die Welt wars nur ein Angebot im Krieg.

Die Wolken schwimmen jeden Morgen durch das Laub. Sie sind ein Blutband überm Hügel.

Wer glaubt mir, daß es an der Drossel liegt, daß Martin starb.

Viele Räume
sind unter der Haut

I.

Hinterm Schrank ist die Wand eine Schlucht.
Hinterm Schrank reden die Soldaten. Ihre
Köpfe sind in die Schlucht gehängt.

Die Soldaten wohnen seit drei Tagen hinterm Schrank. In der Wand und im Nachbarhaus. Matthias weiß, wie groß ihr Zimmer ist.
Wie ihre Betten stehn. Bett über Bett. Immer
darüber. Hoch an der Wand. Matthias weiß,
wie sich die Soldaten schlafen legen. Bett über
Bett. In den Kleidern. Wie Feldhüter sich auf
den Schloßberg legen.

Die Zeit der Soldaten kommt morgens ins
Zimmer. Ist immer dieselbe Zeit. Des Pfeifens.
Des Rufens. Die Zeit des Apfelessens mit gesunden Zähnen. Kauen und Lachen. Die Zeit
der Soldaten ist immer die Zeit des Trinkens
und Torkelns. Des Fluchens zwischen Bäumen.

Die Schlucht hintern Schrank. Matthias
spürt ihre Tiefe. Und seine Rippen. Es ist

Nacht. Und schon Morgen. Es ist heute schon morgen. Und morgen schon Tag.

Immer entfleischt sich das Gesicht. Läßt die Wangen los. Läßt die Augen in die Schlucht. Hält die Lider. Alleingelassen im Zimmer. Immer läßt das Gesicht die Knochen auf dem Kissen stehn. Erschrocken, wie ein Reh den Wald verliert. Verirrt sich. Viel zu schwer für das Nasenbein. Das mit den seichten Höhlen.

Die Stechmücke hat sich vollgesungen. Der Tag ist die erste wache Stunde. Der erste Geruch im Mund.

2.

Matthias hört die Stechmücke singen. Seine Augen sind geschlossen. Sein Gesicht schläft. Matthias schläft nicht. Die Stechmücke singt unter seinen Lidern. Das Lied rinnt in seinen Kopf. Seine Wimpern zucken.

Die Stechmücke weiß nicht, was ein Lied ist. Die Stechmücke weiß, was eine Stirn ist. Eine Schläfe mit dem Schlag unter der Haut. Weit und langsam. Wie aus anderen Tagen.

Viele Räume sind unter der Haut. Kleine Zimmer. Alle aus Fleisch. Und bewohnt.

Der Schloßberg pumpt. Wenn man sein Blut

nicht sehen kann, darf man sich nicht schneiden, hat Matthias Mutter gesagt.

Die Stechmücke weiß, was eine Nase ist.
Und was ein Kinn. Die Stechmücke weiß nicht,
was ein Lied ist. Sie hat einen Ton. Eine einzige
Taste. Eine schwarze Taste, wenn es dunkel ist
im Zimmer.

Das Kind, das allein geht, hat, wenn es dunkel ist, kein Glas überm Gesicht. Sein Gesicht
hat keine Angst vor dem Ton der schwarzen
Taste. Das Kind, das allein geht, sitzt im Pepitaanzug. Auf dem Dreirad. An der Ecke. Im
Wind. Das Dreirad quietscht.

Doch, was weiß ein Kind, das allein geht. In
dessen Augen kein Wasser ist.

3.

Matthias drückt die Hände an die Schläfen. In
den Schläfen steht noch der Traum.

Ein fettes Schwein und ein mageres Schwein
gehn über den Hof. Das fette Schwein trägt das
magere Schwein auf seinem Rücken. Das fette
Schwein frißt rote Ziegelsteine. Es bückt sich.
Das magere Schwein fällt in seinen Rücken.
Sinkt in seinen Bauch. Hängt zwischen seinen
Beinen. Liegt im Bauch des fetten Schweins

und schläft. Das magere Schwein liegt ausgestreckt. Auf dem Rücken. Wie Tote liegen.

Der Mann mit dem Hut pflückt ein einziges Kleeblatt. Wie man ein einziges Veilchen pflückt. Er steckt das Kleeblatt an den Hut. Wie man ein einziges Veilchen an den Hut steckt.

Das Kind, das allein geht, sitzt. Auf dem Dreirad. Lehnt den Rücken an den Pflaumenbaum.

Das schlafende Schwein spürt nichts. Das wache Schwein spürt, wie Matthias hinterm Pflaumenbaum das Messer wetzt. Das Messer hat einen Schatten. Der Schloßberg hat eine Schneide. Matthias läuft zwischen dem Schatten des Messers und der Schneide des Schloßbergs ins Zimmer.

Matthias hört seinen Schrei.

4.

Matthias geht aus dem Zimmer. Er schließt die Tür mit dem Gesicht zur Tür. Sein Arm ist unterm Kinn lang ausgestreckt. Seine Schulter berührt das Ohr. Der Haarsaum knistert. Im Kopf. Zwischen den Augen.

Das Ohr steht hinter der Stirn. Ringelt sich.

Und horcht. Matthias schließt beim Hinausgehen die Zimmertür, wie man die Zimmertür beim Hineingehen schließt.

Matthias sieht die Zeiger nicht. Die Zahlen nicht. Das Zifferblatt der Kirchenuhr ist ein Fleck. Zwischen Bäumen. Die Zeiger gehn hinterm Laub.

Der Mann mit dem Hut geht. Hinterm Zaun. Von Pfosten zu Pfosten. Im Garten ist Wind. Das Petersilienkraut ist in den Rand gedrängt. Naß vom Tau.

Das Kind, das allein geht, sitzt. Auf dem Dreirad. An der Ecke des Hauses.

Im Hof wächst der wilde Wein. Ist vor dem Erwachen. Matthias hört wie er atmet. Es ist ein Klettern drin. Das spinnt die Sonne zu. Die Beeren sind schwarz. Der Sommer ist mürb. Die Beeren suchen. Die Haut zwischen Kehle und Kinn altert. Wild ist der wilde Wein, hat Matthias Mutter gesagt. Wenn man davon ißt, muß man allein sein. Die Tür von innen fest verschließen. Man kriegt blauen Schaum vor dem Mund. Man friert. Zieht sich immer mehr Kleider an. Man stirbt. Wenn man tot ist, riecht man faul.

Jeden Sommer schaut Matthias die Beeren an. Geht einen Schritt näher. Bis seine Hände zittern. Bis seine Lippen ohne seine Hände pflücken können. Holz und Wange. Sein Mund wird starr. Haut wie Frost unterm Laub. Matthias läuft in den Hof.

Ich esse sie nicht, schreit Matthias. In die Hand. In den eigenen Mund.

5.

Die Hühner gackern durch die Bretter des Hühnerstalls. Am Morgen haben sie hohe Stimmen. Sie singen fünf Töne. Und brechen sie ab. Unerwartet werden sie stumm. Unerwartet singen sie wieder. Ihre Kämme sind rot. Blühn. Verblühn auf den Köpfen. Decken, wenn sie verblüht sind, die Augen zu. Zittern.

Matthias Mutter hat, als sie ein Mädchen war, immer den Kamm gegessen. Matthias Vater hat, als er ein Junge war, immer den Kamm gegessen. Nach ihrer Ehe hat Matthias Mutter nicht mehr den Kamm gegessen. Immer hat Matthias Vater den Kamm gegessen.

An grellen Sommertagen hat Matthias einen roten Schimmer im Haar seines Vaters gesehen. Wenn Matthias Vater den großen schwarzen Hut in die Luft gehoben hat. Von der Stirn zur Kopfmitte hin der Schimmer eines roten Kamms.

Matthias hat gesehn, wie der Schimmer wächst. Wie der Kamm das Haar vertreibt. Sich auf der Kopfmitte den schwellenden Platz sucht. Für anderes wilderes Fleisch als die Haut.

Der Kamm hätte Jahre gebraucht, um zu blühn. Um den großen schwarzen Hut im Wind zu halten.

Matthias Vater hat nie gesungen. Hatte Angst vor dem Ton. Vor dem Klang in den Liedern. Vor der dünnen Stimme. Die manchmal reißt. Der Kamm ist nicht gewachsen. Ist innen im Kopf geblieben. Hat das Gehirn erdrückt. Hat nur das Haar vertrieben. Und innen in den Tod gedrückt.

Vor dem Tod hat Matthias Vater alles vergessen. Sein Kopf war ausgetropft. Nur eins hat er besser als vorher gewußt. Öfter als vorher gelebt. Es war der Krieg. Er hat sich im Hof hinterm Brunnen geduckt. Sich hinter den Bäumen versteckt. Hat die Hand auf den Mund gedrückt. Wisch mir das Blut ab, hat er gesagt. Hat sich den Bauch verbunden. Die Schulter. Das Knie. Hat sich ein Auge verbunden. Trag mein Gewehr, hat er gesagt. Die lassen mich nicht in die Einheit.

Matthias öffnet die Tür des Hühnerstalls. Die Hühner flattern. Über seinen schwarzen

Hut. Sie haben Wind in den Flügeln. Und Schreie im Hals. Haben die Krallen noch gekrümmt von der Hühnerleiter. Taumeln im Hof. Singen fünf Töne. Und schweigen. Schweigen und fressen. Fressen sich stumm.

Der Hahn stellt sich auf einen Maulwurfshügel. Kräht. Reißt mit dem Schnabel den Morgen auf. Sein Kamm verblüht in rotblauen Wellen. Deckt ihm ein Auge zu. Der Hahn sieht mit dem anderen funkelnden Auge die Hälfte des Morgens.

Der Hahn sieht Matthias ganz. Er erschrickt. Als wär ein großer schwarzer Hut auf ihn gefallen. Als wär am Ende seines Schnabels der aufgerißne Morgen plötzlich aufgerißne Nacht. Der Hahn flattert. Im Federsturz zerwirbelt er den nahen großen Flügel.

Der Hahn steigt auf ein aschgraues Huhn. Drückt ihm den kleineren hochroten Kamm in den Sand. Schiebt ihm den Kopf hinauf in den Hals. Unter den schmäleren bleicheren Schnabel.

Vater, komm, er macht es tot, hat das Kind, das allein geht, in den Hof geschrien. Der Mann mit dem Hut hat die Augen geschlossen. Hat am Finger gekaut. Er liebt es, hat er gesagt. Das Dreirad ist hoch und steil in den Sommer gewachsen. Der Tau war gefallen. Im Kühlen standen die Gärten. Der Mann mit dem Hut hat sich weggedreht. Er hat seine Schuhe gesehn. Seinen Gang gespürt.

Der Mann mit dem Hut hat im Gehen gesagt, so ist das bei den Menschen.

Der Mais hat den Tau geschluckt. Hat die Felder gefüllt. Grüne Blätter. Härter im Rauschen. Nachts ist er ins Dorf gefallen, hat Kälte gehaucht. Der Mais hat die Betten beladen. Körner wie Schnäbel.

Das Dreirad hat gequietscht. Das Kind, das allein geht, hat getreten. Hat seine Backenknochen weiß und viel zu breit ins Fahren gestellt. Hat sein Nasenbein getragen. In seinem Augenweiß sind die Pupillen gewachsen. Schwärzer als der wilde Wein.

Im Augenweiß des Kindes, das allein geht, ist ein aschgraues Huhn in den Sommer geflogen. Hinauf in den Himmel gestürzt.

6.

Der Rotklee blüht blau. Blüht sich trocken. Zu Heu. Immer vorbei. An der Schneide der Sense.

Es sind Schritte im Klee.

Neben dem Zaun liegen erbrochene Äpfel. Man kann die Bisse zählen. Und man kann sich die Augen ausdenken. Die Lippen. Die Hände. Sie gehören den Soldaten.

Das Kind, das allein geht, hat die ersten Soldaten gesehn. Vor drei Tagen. Hinterm Schrank. Im Nachbarhaus. Das Kind, das allein geht, hat das Wort Soldat gekannt. Vor den Soldaten. Das Dreirad war hoch. Und steil. Das Kind, das allein geht, hat gewußt, daß die Männer hinterm Schrank Soldaten sind.

Linksum. Rechtsum. Im Laufschritt marsch. Stillgestanden, sagt der Offizier. Seine Stimme ist leise. So schwach, daß alle gehorchen.

Der Offizier hat Blei in den Augen. Er dreht sie. Und schießt. So plötzlich wie mitten im Feld.

Abzählen, sagt der Offizier. Die Soldaten stehn wie Feldhüter um den Schloßberg. Dicht nebeneinander. Sie schreien die Zahl. Jeder Soldat zählt sich selbst. Der Größe nach. Der zweitletzte Soldat ist der zweitkleinste. Er stottert.

Der Offizier dreht die Augen. Pissen, schreit er. Stillgestanden und pissen. Der zweitkleinste Soldat führt die Hand an den Hosenlatz.

Stillgestanden, schreit der Offizier. Sechzig Handstützen. Der zweitkleinste Soldat legt sich auf die Hände. Zählt laut, wie oft das Ge-

sicht sich beugt. Und die Erde berührt. Stillgestanden, sagt der Offizier. Pissen.

Der zweitkleinste Soldat keucht. Er steht
still. Zwischen seinen Schenkeln rinnen dunkle
Streifen. Sie tropfen aus den Hosenbeinen. In
seine Schuhe.

Das Kind, das allein geht, bewegt den Fuß.
Stillgestanden. Das Kind, das allein geht,
wächst nicht. Rechtsum. Die Würfel sind im
Pepitaanzug. Schwarz und weiß. Ausgerichtet.
Linksum.

So war das mit deinem Vater, hat Matthias
Mutter gesagt. Er hat, als er aus dem Krieg gekommen ist, einen großen schwarzen Hut gehabt.

Ich hab dreitausendneunhundertsiebzig Äpfel gepflückt, hat der kleinste Soldat gesagt.
Am Abend. Im Hof. Zweimal die Jahreszahl.

Ich hab den Hut auf den Tisch gelegt, hat
Matthias Mutter gesagt. Ich hab geglaubt, daß
wir zusammen sind.

Zwölf Äpfel hab ich gegessen, hat der kleinste Soldat gesagt. Zwölf Monate.

Ich hab gewußt, hat Matthias Mutter gesagt, daß mir nichts übrig bleibt, als dieser
große schwarze Hut.

7.

Wenn es lange Zeit nicht regnet ist das Petersilienkraut hart.

Es wächst nicht jedes Jahr, hat Matthias Vater gesagt. Es gibt Tage, an denen die Sonne die Leute von innen durchleuchtet. Das sind grelle Tage. An solchen Tagen sitzt man um den Tisch. Wartet aufs Essen. Man merkt, daß dies ein Jahr mit einer Kerbe ist. Schaut hinterm leeren Teller. Man weiß, daß jemand sterben wird an diesem Tisch. Die Hände aus dem Kreis zieht. Den Teller überflüssig macht. Es wächst kein Petersilienkraut. Und man hat Angst um sich. Und schaut die andern an.

Matthias Vater hat den Petersiliensamen übers Beet gesät. Sein großer schwarzer Hut hat ihm die Stirn gekühlt. Ich geh im Kreis, hat er gesagt. Das Beet ist eng. Ich seh nur grüne Ringe in der Luft. Ich werd erdblind sein. Matthias hat ihm bis zu den Hüften gereicht. Wenn du gewachsen bist, hat er gesagt, dann laß das Beet.

8.

Der Kirchturm. Der Tag hat geschlagen. Die Zeiger begegnen sich. Entfernen sich.

Der Mann mit dem Hut geht. Von Zaun zu Zaun. Mit den Schultern zu nah. An den Brettern. Geht an den Häusern. Von Fenster zu Fenster.

Das Kind, das allein geht, wartet. Bis die Wände aufhörn.

Sich begegnen. An den Ecken. Im Wind. Viele Straßen verteilen sich.

Aus der Konditorei kommen zwei Soldaten. Die Tür steht halb offen. Hinterm Pult steht Marianne. Lehnt sich an. Mit dem Bauch. Sie trägt den rosaroten Kittel. Darunter nackte Haut.

Ein Soldat steht vor dem Pult. Lehnt sich an. Zwischen Marianne und ihm steht der Kuchen. Die rissigen Kipfel. Marianne lehnt auf den Ellbogen. Hebt das Kinn. Hinter dem hochroten Apfel. Der Biß ist weich. Schäumt ihr am Mund. Marianne ist Braut. Und Anton im Norden des Landes. Soldat der Karpaten. Marianne ist Braut unterm Kittel. Marianne hält die Lippen weiß schäumend am Biß. Wartet. Bis Anton sich zum Mann geschossen hat. In den Karpaten.

Durch Mariannes Stirn zieht ein Brautbild. Zwischen den Augen rauscht ihr ein Kleid. Und ein Schleier. Anton hat einen weißen Handschuh an. Trägt den zweiten mit derselben Hand. Neben dem Hosenbein. Als könnt er beide, weil sie weiß sind, voneinander nicht entfernen.

Das Bild löst sich auf. Eine kleine Falte auf der Stirn wird glatt. Marianne lächelt. Vor ihr steht der nähere Mann. Der Soldat.

Marianne zählt die Kipfel. Als würde sie nicht Kipfel zählen. Sondern Tage.

Der Soldat schüttelt die Sodawasserflasche. Er drückt auf den Griff. Mit der sicheren Hand. Wie näher gerückt dem Wirbel im Fleisch. Das Wasser schießt. Sprudelt ins Glas. Über den blutenden Himbeersaft. Marianne leckt einen Löffel ab. Ihre Zunge ist dick. Rot. Und träge. Der Soldat nimmt den Löffel. Streift ihre Wange damit. Klimpert am Glas.

Der Soldat schaut Matthias an. Dreht eine Kugel im Aug. Eine stechende heiße Pupille. Matthias schaut auf den Fußboden. Er geht.

Das Kind, das allein geht, sieht die halb offene Tür. Weiß nicht, wie schmal sie die Sonne macht.

Die Zeiger der Kirchenuhr entfernen sich. Bäume schlafen im Laub. Schatten stehn schief.

Der Mann mit dem Hut hält die Schulter nah an den Zäunen. Steckt die Hand in den Rock. Neigt den Kopf. So ist das bei den Menschen, sagt der Mann mit dem Hut.

9.

Ein Pferdewagen fährt auf der Straße. Er rasselt. Wie Eisen im Holz.

Ein braunes und ein weißes Pferd ziehen den Wagen. Das weiße Pferd ist groß. Und glatt. Das braune Pferd klein. Und strauchig. Ungleich sind ihre Schritte. Man sieht es an den Hufen. Das braune Pferd zieht den Wagen. Zieht nur für sich.

Der Kutscher ist ein dicker Mann. Schaut unter den Wagen.

Auf dem Wagen steht eine Kuh. Sie ist mit Stricken festgebunden. Sie schaut. Auf die andere Straßenseite. Die ist asphaltiert. Weil dort der Bürgermeister wohnt. Sein Haus ist blau gekachelt.

Wenn es regnet, gehn die Leute an seinem Haus vorbei. Weil dort der Boden nicht verweicht. Sein Hund ist schwarz. Er steckt die Schnauze durch den Zaun.

Die alten Leute gehn, auch wenn es regnet,

auf der aufgeweichten Seite. Sie verstehen nicht, daß man der Erde ausweicht, um die Schuhe zu schonen. Wo doch die Erde wartet. Überall. Und ihre Pflanzen aufgibt. Für ein Grab.

Der Mann mit dem Hut geht, auch wenn es regnet, auf der aufgeweichten Seite. Er meidet das Wasserbild auf dem Asphalt. Das mitgeht. Und von unten schaut. Das Wasserbild verzerrt den Hut.

Das Kind, das allein geht, sieht noch ein Dreirad: Unter sich. Das mit zerquetschten Rädern seine Schuhe narrt.

Der Arzt geht, wenn es regnet, auf der asphaltierten Seite. Er schaut über seine Schulter. Sieht, wie sein weißer Kittel zweimal leuchtet. Einmal hinter ihm. Er kann sich nicht verlieren.

Der Bürgermeister schaut, wenn es regnet, die blauen Kacheln seines Hauses an. Er geht langsam. Sieht auf der ganzen Wand sein Spiegelbild.

Der Schuster geht, wenn es regnet, an den blauen Kacheln vorbei. Weil seine Krücke in der aufgeweichten Erde stecken bleibt.

Der Schuldirektor schaut nochmal in das Kachelbild. Dann geht er um die Ecke. In die Schule. Er sucht seinen Krawattenknoten. Im nassen Schein. Rückt ihn zurecht.

Der Milizmann schaut dem Pferdewagen nach. Er steht an der Ecke. Wie nachher hingebracht. An einen vorgeschriebenen Platz. Und rasch hineingestellt in seine Uniform. Er pfeift drei Töne. Stockt. Atmet ein und aus. Als gehöre das zu seinem Dienst. Sein Blick ist bei den Pferden. Seine Lippen sind naß. Kommen über den Anfang des Lieds nicht hinaus. Nehmen sich selbst die Luft. Als gäb es im Mund, von den Lippen zur Nase, keinen Klang.

Das Kind, das allein geht, zählt. Die Knöpfe seines Pepitarocks. Immer kleiner werden seine Augen. Denn die Knöpfe glänzen.

Der Mann mit dem Hut hat einen langsamen Schritt. Trägt den Weg im Schuh. Schaut im Gehen die Uniform an. Den Hals des Milizmanns. Weiß und dünn wächst er aus dem Kragen. Wie eine Kerze.

Der Milizmann spitzt ratlos den Mund. Greift sich unters Kinn. Als falle ihm von Zeit zu Zeit der Kehlkopf in die Hand.

Der Mann mit dem Hut nimmt die Töne von den Lippen mit. Das Huhn singt nicht unterm Hahn, sagt er.

Vor dem Wirtshaus stehn Soldaten. Sie essen Äpfel.

Marianne ist Braut, sagt der Mann mit dem Hut.

An den Schuhen der Soldaten hängt Erde. In der Wirtshaustür sitzt der Hund des Bürgermeisters. In der Türscheibe hängt seine Zunge.

Um den Tisch sitzen Soldaten. Über ihre Hände kriechen Fliegen. Die Augen der Soldaten sind trüb. Ihre Lippen sind rauh. Das Lachen und die Lippen sind dasselbe.

Zwischen den Stühlen liegt Erde.

Die Hände der Soldaten merken die Fliegen nicht. Und die Fliegen merken die Hände der Soldaten nicht. Es ist ein Einverständnis zwischen beiden.

Matthias spürt einen heißen Fleck an der Kehle. Sein Speichel ist sauer im Mund.

Der Mann mit dem Hut schaut über den Soldaten ins Leere.

Das Kind, das allein geht, dreht den näheren größeren Schuh. Es ist bleich. Im Bierschaum schwimmt ein aschgraues Huhn. In den Hals der Soldaten.

II.

Der Blutfleck auf dem Kittel des Arztes. Die Nase der Hebamme. Der Krawattenknoten des Schuldirektors. Der Ellbogen der Postfrau. Der Haarknoten der Schneiderin. Die Ledertasche des Briefträgers. Die Lederschürze des Schusters. Der kahlgeschorene Kopf des Tischlersohns. Die Narbe hinter seinem Ohr.

Die Schuhe stehn hintereinander. Dunkel gepaart in der Schlange. Unter der Lederschürze steht nur ein Schuh. Die Köchin des Pfarrers. Im Schatten der Kegelbahn. Neben der rostigen Rinne.

Der Bäcker öffnet das Fenster. Die Köchin macht einen Schritt. Das Brot ist flach. Die Hefe alt. Das Brot ist frisch, sagt der Bäcker.

Der Arzt bezahlt mit dem Blutfleck das Brot. Die Hebamme streckt den Hals. Der Schuldirektor rückt an der Krawatte. Die Postfrau kichert. Die Schneiderin zählt ihr Geld.

Der Briefträger packt das Brot ein. In eine Zeitung.

In der Fensterscheibe steht jeder Brotlaib nocheinmal. Hat zweimal die eingedrückte Seite. Mit der aufgerißnen Rinde.

Der Schuster hängt das Brotnetz an seine Krücke.

Vor das Fenster stellen sich Soldaten. Der Sohn des Tischlers dreht den Kopf. Versteckt die Narbe hinterm Ohr.

Die Soldaten lassen die Brote in einen Sack fallen. Matthias sieht den zweitkleinsten Soldaten. Er rollt rote Äpfel in die Blechrinne der Kegelbahn.

Ein Soldat trägt den Sack.

Hinter Matthias steht die Sonne. Über dem Petroleumfaß. Die Kalkgrube ist ausgedorrt.

Das Brot wird nicht reichen, sagt der Bäkker. Sein Gesicht ist doppelt, in den Fensterscheiben. Der Sohn des Tischlers neigt die Narbe. Hält die Hand vors Fenster.

Vor der Kalkgrube stehn kleine Frauen. Sie rücken nach. Matthias hört ihren Atem.

Hinter Matthias regt sich ein Taschentuch. Das Geld wartet. Im Zipfel eingeknotet.

Antons Mutter schaut in die Rinne der Kegelbahn. Den roten Äpfeln nach.

Marianne ist Braut, sagt der Mann mit dem Hut. Äpfel sind nahe. Anton ist weit.

Matthias spürt den großen schwarzen Hut. Er drückt an der Stirn.

Matthias hält den Hut nicht aus. Hält den Kalk nicht aus. Das Glühen über dem Petroleumfaß. Hält das Geld nicht aus. Matthias hält das Brot nicht aus in seiner Hand.

Das Kind, das allein geht, schaut. In die Grube. Die weißen Würfel seines Anzugs wachsen. Und löchern die schwarzen Würfel.

12.

Überm Weg liegt der Schatten eines Fahrrads. Die Schatten der Räder sind lang. Und weiß von der Sonne. Wie Augäpfel im Sand.

Matthias geht. Durch die Schatten der Stangen. Der Sitz ist nach unten geschraubt. Berührt mit metallenen Federn das Rad. Die Federn schütteln. Wiegen den Rücken. Den Hals. Und die Hände.

Das Fahrrad ist klein.

Das Kind, das allein geht, weiß, daß das Fahrrad kein Dreirad ist.

Das ist ein Damenrad, sagt der Mann mit dem Hut. Wenn das Damenrad fährt, fährt der Friseur. Die metallenen Federn haben ihm einen Buckel gewiegt.

Der Buckel des Friseurs ist auf seiner Schulter ein Kopf. Hinterm Kopf. Er hat nicht die Farbe des Haars. Er hat die Farbe des Rocks.

Der Buckel des Friseurs ist immer zugedeckt. Als habe der Friseur heimlich noch jemand bei sich. Unter der Haut.

Die Glocke des Fahrrads ist groß. Wie ein Wecker. Sie läutet nicht von selbst. Wie kleine Glocken, in der Rüttelung des Weges. Sie läutet nur durch einen Daumendruck.

Ein Daumendruck, sagt der Mann mit dem Hut. Zwei Töne sind drin. Der erste Ton ist schrill. Kurz. Und hoch. Der zweite Ton ist tief. Lang. Und dumpf. Ein Echo.

Der erste Ton ist der Kopf des Friseurs. Der zweite Ton ist das Echo, des Kopfes. Verdeckt. Und ein Buckel.

Der erste Ton erschreckt. Die Leute, die gehn, tun plötzlich den großen Schritt. Hinaus aus den kleinen Schritten. Aus dem Gehen hinaus.

Weil die Leute in Schritten leben, ist der Weg wie ein Vogel im Weg. Verscheucht. Und das Leben ist gebrochen.

Der Kopf des Friseurs fährt im ersten, im offenen Ton. Die Leute stehn an der Wand. Wie vom Gehsteig gefallen.

Das Kind, das allein geht, hält sich die Augen zu.

Hinter dem Kopf des Friseurs fährt der Buckel, der Heimliche, den der Friseur bei sich trägt. Der schaut auf die Fingerspitzen. Die sich blind hinterm Körper der Wand vergewissern.

Vor der Glocke ist der Absturz eine Wand, sagt der Mann mit dem Hut.

Der Heimliche ist auch Friseur, sagt das Kind, das allein geht. Er ist behaart. Und hat einen Scheitel. Der Friseur muß ihn kämmen.

Am Abend, vor dem Einschlafen legt der Friseur den Heimlichen aufs kleine Kissen. Er erzählt ihm. Wen er rasiert hat. Wem er das Haar geschnitten hat.

Der Friseur versichert dem Heimlichen, daß er bei jeder Rasur unterm rechten Aug begonnen hat. Die rechte Wange runter. An den Lippen knapp vorbei. Am Mundwinkel einen Bogen bis zum Kinn gerundet.

Die linke Wange wie ein anderes Gesicht, sagt der Friseur.

Der Heimliche knistert im Dunkeln. Wenn die Stimme des Friseurs müde ist, fragt der Heimliche nach dem Kehlkopf. Der Friseur bestätigt ihm den kleinen Schnitt. Den er bei jedem, der sich in den Ledersessel setzt, verübt. Mit einem Daumendruck.

Ganz wenig Blut, sagt der Friseur. Gerinsel nur. Ich drück den Schnitt mit meinem Daumen zu. Die Haut betrügt. Sie kennt mich. Und sie klebt. Ich sprüh das Kölnischwasser. Daß ein gleichmäßiges Brennen in den Poren zuckt.

Bring mir meinen Scheitel noch in Ordnung, sagt der Heimliche. Dann schläft er ein.

Der Friseur steht hinterm Ledersessel. Vor

dem Spiegel. Auf seinem weißen Kittel, auf der Schulter, liegt eine Haarsträhne.

Matthias drückt die Augen zu. Sie wird ihm auf die Schuhe fallen, Liza.

Der Friseur fegt sich den Nacken aus. Immer von derselben buckellosen Seite.

Der Daumen des Friseurs ist breit. Er ist ein Daumendruck. Auf seiner Nasenwurzel wächst ein dunkelblauer Fleck. Wie wilder Wein. Wie Vergiftungen. Die durch das Fleisch gehn. Und die Haut aufbrechen. Von jedem Daumendruck bleibt ein Tropfen Blut im Finger stehn.

Der Schaum quillt. Der Friseur pinselt ihn auf seinen Kehlkopf. Tupft mit der Fingerspitze.

Sein Kittel ist hinten kürzer als vorn. Vom Buckel in die Kniekehlen gehoben. Der blaue Fleck führt das Messer.

Der Friseur setzt, wenn er sich selbst rasiert, das Messer am Kehlkopf an, sagt der Mann mit dem Hut. Er führt es langsam. Der Schau erlischt. Über dem Buckel glüht sein Ohr. Der kleine Schnitt wird nicht verübt. Die Haut nicht zugeklebt.

Der Mann mit dem Hut steht hinterm Gußeisenofen. Im Spiegel. Der Daumendruck bleibt für die andre Haut, sagt der Mann mit dem Hut.

Liza ist ein Fleck im Spiegel, sagt Matthias.

Das Kind, das allein geht, greift sich an die Wangen. Der Heimliche neigt sich. Und schaut. Bald wird man auf den Wangen des Kindes die Spur der Finger sehn.

13.

Matthias legt das Brot auf den Tisch.

Gebackener Teig, sagt das Kind, das allein geht.

Der Mann mit dem Hut, sagt, der Teig ist vom Bäcker das Gesicht.

Ich bin die von der anderen Seite meines Gesichts, hat Liza gesagt. Sie hat sich Veilchen gekauft. Von einer alten Frau. Die stand vor den Bänken im Park.

Liza war aus einem anderen Dorf. Sie kam aus einer anderen Richtung in die Stadt. Aus derselben Entfernung. Sie war wie Matthias in die Schule geschickt worden. In einen Beruf. Liza sollte Friseuse werden.

Matthias sollte Schlosser werden. Er hat gesehn, daß es nur ums Eisen geht in dem Beruf.

Es ist in der ganzen Schule nur noch ums Eisen gegangen, sagt Matthias. Ums Eisen im Holz. Im Beton. Und im Stein. Die jungen Lehrerinnen hatten wasserblondes Haar. Es stand jeden Tag bei der Friseuse im Spiegel. Es leuchtet vor der Tafel. Die jungen Lehrerinnen sprachen, wenn sie durchs Schultor kamen, nur noch vom Eisen. Vom Eisen im Eisen.

Ich bin die von der anderen Seite meines Gesichts. Liza hat die Veilchen angeschaut. Matthias hat sie nach dem Satz gefragt. Hat geschaut, was dieser Satz auf ihren Lippen tut.

Liza hat sich auf die Bank gesetzt. Sie hat ihren Schuh ausgezogen. Matthias hat vor der Bank gestanden. Matthias hatte diesen Satz im Kopf. An Lizas Zehen, an ihrem Seidenstrumpf hat ein Klumpen Watte geklebt. Liza hatte Watte im Schuh. Die Watte war feucht. Matthias hat den Zufall gesehn. Der sie und ihn zusammengebracht hatte. An einem Watteklumpen. Zwischen zwei Dörfern.

Matthias hat zwischen den Augen einen Hauch gespürt. Von der andren Seite seines Gesichts. Lizas Lippen waren bleich.

Und daß ich dich nie verlassen werde. Bis zu deinem oder meinem Tod. Zwischen sich und Liza hatte Matthias die leere Zeit gesehn.

Liza hat gelacht. Schrill. Immer mehr nach außen hat sie gelacht. Weit hinausgelehnt aus sich selbst. Vom anderen Ende des Lebens hat Liza gelacht.

Matthias hat gesehn, wie sie an den Veilchen zupft. Wie sie den Griff im Finger hat. Den Griff nach Haar.

Matthias hat sie im weißen Kittel gesehn. Wie sie den Lehrerinnen in den Sessel hilft. Wie sie den Scheitel teilt. Wie sie die Schere offen hält. Und schließt. Wie tagelang das Haar auf ihre Schuhe fällt. Und keiner sieht, hat Matthias gedacht, daß sie Watte in den Schuhen trägt. Und jeder sieht, daß sie den Kamm wie einen Taktstock hält.

Die Bäume waren nicht gekämmt. Es war ein Wald im Park. Es war keine Uhrzeit in der Stadt. Es war später. Matthias war von Liza weggekühlt.

Liza hat mit den Zehen den Watteklumpen in den Schuh gedrückt. Sie hat nichts gewußt vom Haar. Das ihr in abgeschnittnen Strähnen auf den Schuh gefallen war.

Es war niemand im Park. Matthias hat in den Schritten getragen, was früher, und später, und längst schon vorüber war. Er hat auf die Erde geschaut.

Matthias hat gespürt, wie Lizas Auge seine Wange plündert.

Das Brot ist gebackener Teig. Und die Rinde ist Haut.

Matthias trägt seinen Magen. Er ist ein Loch

im Tag. Sein Mund ist tief. Der Hunger ist in seinem Mund.

Matthias denkt sich weg. Zu anderem. Das man nicht essen kann. Die Anstrengung ist ein Faden. Durch die Schläfe gespannt. Der Faden reißt.

Der Hunger, sagt Matthias, ist das Essen. In der Hoffnung, daß es anders wird. Was uns verloren macht.

Das Brot ist vom Bäcker das Gesicht, sagt der Mann mit dem Hut.

Das Kind, das allein geht, ißt.

14.

Matthias hat Jahre im Gesicht.

Matthias Mutter hat im Hof gestanden. Sie hat das Kleid über den Kopf gehoben. Ihr Rücken war nackt. So wie der Heimliche war sie ganz. Ich frier, hat sie gesagt.

Matthias Mutter ist ins Haus gegangen. Langsam. Als hätt sie sich im wilden Wein den Weg erfinden müssen.

Im Zimmer hat Matthias Mutter ihr Kleid am Hinterkopf hinunter fallen lassen.

Matthias Mutter hat am Tisch gestanden. Es liegt nicht an mir, hat sie gesagt.

In ihrem Gesicht war sie und eine andere Person. Es war ihr Haar. Ihre Stirn. Ihre Augen. Die Augenringe waren fremd. Wie umgehängt. Und in der Eile nicht mehr zugemacht.

Die Wangen waren nicht ihr Fleisch. Das Kinn war alt. Die Lippen fremd.

Die Nase war nicht da. Dann wuchs sie aus der anderen Person.

Matthias Mutter hat die Blumentöpfe aus dem ganzen Haus ins Zimmer auf den Tisch gestellt. Sie hat die Blumen herausgerissen. Hat die Erde aus den Töpfen auf den Tisch geleert. Ein dunkler Berg hat auf dem Teppich gelegen.

Matthias Mutter hat die Erde angeschaut. Hat laut im Kopf, in dem sie nicht mehr war, Zahlen ausgerechnet. Die Länge. Die Höhe. Die Breite des Bergs. Tiefe hat sie zur Höhe gesagt. Und, soviel brauch ich nicht. Die Hälfte reicht, hat sie gesagt. Drin kann man liegen.

Sie hat den Berg geteilt. Hat die Hälfte der Erde zurück in die Töpfe gefüllt.

Die Erde, die nicht zum Liegen war, hat sie in den Hof hinaus getragen. Der Regen hat die Erde naß gemacht. Sie in den Hof gleich eingeschlossen.

Matthias Mutter hat die leeren Blumentöpfe auf den Tisch gestellt. Ich will sie sehn, hat sie gesagt. Und sicher sein, daß sie mich nicht mehr drücken.

Die vollen Blumentöpfe hat sie aufs Fensterbrett gestellt. Und auf den Schrank. Sie hat gesagt, ich muß mich dran gewöhnen.

Sie hat die Blumen nicht mehr gepflanzt. Hat sie alle zusammengebunden. Sie mit den Köpfen nach unten an die Wand gehängt. Sie sind verdorrt. Sind tagelang, ohne zu rascheln auf den Fußboden gefallen.

Die vollen Blumentöpfe hat Matthias Mutter jeden Tag gegossen.

In den Töpfen ist nach ein paar Wochen Gras gewachsen. Einmal hat ein Löwenzahn geblüht. Seine Blätter waren nicht gezackt. Jung waren sie. Und schmächtig. Als sie mit der Länge fertig waren, sind sie abgedorrt.

15.

Matthias geht den wilden Wein entlang. Die Beeren berühren seine Schulter.

Der Tag hat sich leer geglüht. Der Mais gräbt den Abend aus der Erde. Der Abend steigt auf die Bäume. Dunkel und rund. Wie der Heimliche.

Auf dem Schloßberg ist das Gras ins Haar

der Feldhüter gezogen. Wenn der Tau fällt, kriecht es zurück. Auf den Hang.

Der Mann mit dem Hut ißt einen roten Apfel.

Im Zimmer der Soldaten brennt das Licht.

Ein weißes Huhn geht auf den Krallen. In den Hühnerstall. Es trägt den vollen Kropf wie eine Trommel. Die Hühner stehen auf der Leiter. Das weiße Huhn sucht sich den tiefsten Platz. Als könnte unter ihm die Nacht noch wachsen. Noch tiefer werden, als die Stange ist. Der Hahn steht über ihm. Er legt den Wind aus seinem Flügel noch zurecht. Das aschgraue Huhn steht ganz oben. Legt den Kopf unter den Flügel.

Im Nest liegt kein Ei. Das Stroh ist zerwühlt.

Matthias schließt die Tür des Hühnerstalls. Der Riegel schlottert. Ein Nagel fällt in seine Hand. Matthias spürt das Eisen auf der Haut. Er wirft den Nagel in den Hof.

16.

Der Mond hängt. Wie ein Blatt. Der Mais ist schwarz. Es riecht nach Rauch.

Die Soldaten haben Feuer gemacht. Sei braten Äpfel. Matthias hört den Saft der Äpfel.

Das Kind, das allein geht, hat nur schwarze Würfel in seinem Pepitaanzug.

Ein Soldat steht unterm Baum. Er hält die Mütze in der Hand. Er würgt. Hinter ihm steht ein Soldat. Der lacht. Er tritt an den Stamm. Fick deine Mutter, schreit er. Die Mütze fällt auf den Boden. Der Soldat erbricht an den Stamm.

Komm schon mit den Eiern, ruft ein Soldat. Er trägt einen langen Ast. Es hängen Pflaumen dran. Er wühlt im Feuer. Laß den Schwanz in Ruh, schreit er. Der hat zuviel gefickt. Zuviel Himbeersaft getrunken, lacht ein Soldat. Er zerbricht dünne Äste. Wirft sie ins Feuer. Gib die Eier her. Das Fett ist heiß.

Matthias hört die Eier zischeln im heißen Fett. Die leeren Eierschalen fallen ins Feuer.

Große Eier haben diese Deutschen, lacht ein Soldat. Fleißige Hühnchen. Deutsche Gründlichkeit. Die haben das Dekret gelesen, sagt der Soldat mit dem Pflaumenast. Teufel, schreit der Soldat mit der Pfanne. Das ist kapitalistischer Einfluß.

Hilfe für die dritte Welt, schreit ein Soldat aus dem Zimmerfenster. Wann kommen die Eier.

Auf dem Fensterbrett steht eine Milchflasche mit einer Lilie.

Der Soldat, der erbrochen hat, steht vor dem Fenster.

Anstrengend, sagt der Soldat im Fenster. Dein Schwanz ist tot. Der Soldat vor dem Fenster lacht. An der ist nur das Gesicht, sagt er. Brüste wie Waschlappen. Und eine Fotze wie ein Eimer.

Die kann man in die Hüften ficken, lacht der Soldat im Fenster. Er hebt die Milchflasche. Er riecht an der Lilie. Pfui, sagt er. Die stinkt. Über seinem Kopf sitzen Soldaten. Auf dem Eisenbett oben. Die Eichel ist Trumpf, schreit einer. Seine Hand ist ein großer Schatten. An der Zimmerwand.

Ich ging den Weg rauf, singt ein Soldat vor dem Feuer. Da traf ich eine Jungfrau runter.

Matthias riecht die Eier und das Fett.

Das nennt sich Kartenspielen, schreit ein Soldat durchs Fenster. Damit kannst du deine Mutter ficken. Nicht mich.

Erzähl mir noch, sagt der Soldat am Fenster. Was hat sie für Haare dort, deine Marianne. Schwarze, wie alle, sagt der Soldat vor dem Fenster. Der Soldat im Fenster lacht. Da irrst du dich, Kleiner, sagt er. Seine Backenknochen sind dunkel. Seine Lippen zittern. Morgen geh ich Himbeer trinken, sagt er. Er biegt die Knie. Er läßt den Bauch nach vorn. Er hebt die

Milchflasche hoch. Ein weißes Lilienblatt bricht ab. Hängt an einem Faden. Hängt wie eine Zunge. Die Lilie schaukelt.

Der Soldat vor dem Fenster lacht. Sein Mund ist schief. An der linken Brustwarze hat sie ein Haar, sagt er. Er hebt den Kopf. Es rauscht in der Flasche. Der Urin steigt um den Stengel. Das Glied hängt im Flaschenhals. In der Flasche wächst Schaum.

Der Soldat knöpft sich seinen Hosenlatz zu. Der Soldat vor dem Fenster lacht in kurzen Tönen. So, sagt der Soldat im Fenster. Jetzt geh ich Eier essen. Er springt in den Hof.

Der Soldat vorm Fenster schaut ihm nach. Wie stehngelassen. Ohne Fußsohlen. Auf den Knöcheln.

Der Mond narrt das Dorf mit seinem Glanz. Er malt dem Soldat vor dem Fenster einen Fleck auf die Wange. Eine Ohrmuschel. Der Soldat hält die Wange in die Dunkelheit. Er horcht den Schritten nach. Er zerrt seine Mütze vom Kopf. Zwischen seinem Ohr und seiner Schulter leuchtet das Zimmerfenster.

Der Soldat vor dem Fenster grüßt sich selbst. Er steckt die Mütze in die Tasche. Er grüßt sich in den Rock. Er stellt sich mit den Knöcheln auf den Sockel. Blickt sich um. Sieht, wie die Nacht hinter ihm steht. Er steigt durchs Fenster. Neben seinem Ellbogen zittert die Lilie.

Im Zimmerfenster irrt eine Stechmücke. Immer um denselben ausgesuchten Kreis. Als hänge sie im Garn.

Das Licht geht aus im Zimmer. Die Eisenbetten ächzen. Wer hat mein Kissen, schreit ein Soldat. Gähnt. Und verliert seine Stimme. Die Soldaten haben sich den Hang hinauf gelegt. Auf den Schloßberg. In den Schlaf.

Das Feuer ist ausgegangen. Auf der Erde zuckt Glut. Im Dorf bellen Hunde. Ihre Stimmen sind verschüttet. Von der Dunkelheit. Matthias hört ihre Ketten rasseln. Das Eisen am Hals der Nacht.

Neben der Glut zerbricht eine Flasche. Ich melde es dem Offizier sagt ein Soldat. Eine Mütze fällt auf die Glut. Sie raucht. Sie haucht ihn aus. Melden, nur melden, schreit ein Soldat. Einem leuchten die Schuhe vor der Glut. Schreibs deiner Mammi, sagt er. Dann kommt er wieder. Matthias sieht den Pflaumenast. Sehr gut, sagt der Soldat. Unser Offizier braucht wieder etwas zum Ficken.

Matthias sieht das Weiße in den Augen des Soldaten. Er hat Zähne in den Augen.

Der Mond schaut immer in dieselbe Richtung. Der wilde Wein raschelt. Matthias spürt unter den Sohlen, wie er alles aus der Erde zieht. Und in die Beeren hängt.

Weil er ein Opfer sucht. Das langsam in den Tod hinüberfriert. Matthias steht davor. Seine Knochen haben das Geräusch, das niemand kennt. Als würde jeden Tag ein Ast im ihm zerbrechen.

Matthias geht auf diesem Ast. Er geht hinaus aus sich. Ein bißchen schon ins Andere. Matthias muß auch dort schon atmen.

17.

Matthias öffnet die Zimmertür. Er weiß im Dunkeln, wo das Bett ist. Wo der Tisch. Und wo der Schrank steht. Er weiß, wie hoch der Stuhl ist. Und wo der Riß in seine Lehne läuft.

Matthias knipst das Licht an. Um aus der Nacht nicht in die Nacht hinter der Wand zu gehn.

Matthias knipst das Licht öfter an und aus. Als könne er das Zimmer und sich selbst mit der Fingerspitze mit einem Daumendruck erfinden und verschwinden machen.

Matthias knipst sich an und aus.

Matthias sicht den wilden Wein in seiner Hand. Die ihn gepflückt und seinen Kopf betrogen hat. Mit leichten Fingerspitzen. Matthias legt die schwarzen Beeren auf den Tisch. Sie sammeln einen Glühpunkt.

Neben den Beeren liegt der Hut.

Hinterm Schrank reden die Soldaten.

Matthias dreht den Schlüssel in der Tür einmal und noch einmal. Er schiebt den Riegel vor. Der Schloßberg schaut.

Matthias' Kleider hängen sich von selber auf den Stuhl. Die Lehne runter. Matthias schaut seinen Händen zu. Er weiß nicht, was sie tun. Für wen.

Der Mann mit dem Hut legt den Hut auf den Tisch. Es ist derselbe Hut.

Der Mann ohne Hut setzt sich. Aufs Bett. Er hat Staub im Haar.

Das Kind, das allein geht, ist müde vom Gehn. Woher weiß man, daß die Zeit vergeht, fragt es.

Der Mann ohne Hut hebt die Schultern. An den Tagen.

Das Kind zieht den Schuh aus. Woher weiß man, wann ein Tag zuende ist.

Der Mann ohne Hut schließt die Augen. An den Feldhütern. Man zählt. So oft die Feldhüter in ihre Betten gehn, so viele Tage.

Das Kind zieht die Pepitajacke aus. Legt sie auf Matthias Kleider. Woher weiß man, daß man hier im Zimmer war, als man geschlafen hat.

Matthias knipst das Licht aus. Weil man hier aufwacht.

Weil die Schritte, die Matthias geht, keine Schwere haben, geht er rasch.

Matthias hebt den letzten Schritt. Hinauf aufs Leintuch.

Im Zimmer geht ein leichter Wind. Der nicht vom Fenster kommt. Und nicht die Tür bewegt.

50 JAHRE ROWOHLT ROTATIONS ROMANE

50 Taschenbücher im Jubiläumsformat
Einmalige Ausgabe

Paul Auster, *Szenen aus «Smoke»*
Simone de Beauvoir, *Aus Gesprächen mit Jean-Paul Sartre*
Wolfgang Borchert, *Liebe blaue graue Nacht*
Richard Brautigan, *Wir lernen uns kennen*
Harold Brodkey, *Der verschwenderische Träumer*
Albert Camus, *Licht und Schatten*
Truman Capote, *Landkarten in Prosa*
John Cheever, *O Jugend, o Schönheit*
Roald Dahl, *Der Weltmeister*
Karlheinz Deschner, *Bissige Aphorismen*
Colin Dexter, *Phantasie und Wirklichkeit*
Joan Didion, *Wo die Küsse niemals enden*
Hannah Green, *Kinder der Freude*
Václav Havel, *Von welcher Zukunft ich träume*
Stephen Hawking, *Ist alles vorherbestimmt?*
Elke Heidenreich, *Dein Max*
Ernest Hemingway, *Indianerlager*
James Herriot, *Sieben Katzengeschichten*
Rolf Hochhuth, *Resignation oder Die Geschichte einer Ehe*
Klugmann/Mathews, *Kleinkrieg*
D. H. Lawrence, *Die blauen Mokassins*
Kathy Lette, *Der Desperado-Komplex*
Klaus Mann, *Der Vater lacht*
Dacia Maraini, *Ehetagebuch*
Armistead Maupin, *So fing alles an ...*
Henry Miller, *Der Engel ist mein Wasserzeichen*

50 JAHRE ROWOHLT ROTATIONS ROMANE

Nancy Mitford, *Böse Gedanken einer englischen Lady*

Toni Morrison, *Vom Schatten schwärmen*

Milena Moser, *Mörderische Erzählungen*

Herta Müller, *Drückender Tango*

Robert Musil, *Die Amsel*

Vladimir Nabokov, *Eine russische Schönheit*

Dorothy Parker, *Dämmerung vor dem Feuerwerk*

Rosamunde Pilcher, *Liebe im Spiel*

Gero von Randow, *Der hundertste Affe*

Ruth Rendell, *Wölfchen*

Philip Roth, *Grün hinter den Ohren*

Peter Rühmkorf, *Gedichte*

Oliver Sacks, *Der letzte Hippie*

Jean-Paul Sartre, *Intimität*

Dorothy L. Sayers, *Eine trinkfeste Frage*
des guten Geschmacks

Isaac B. Singer, *Die kleinen Schuhmacher*

Maj Sjöwall/Per Wahlöö, *Lang, lang ist's her*

Tilman Spengler, *Chinesische Reisebilder*

James Thurber, *Über das Familienleben der Hunde*

Kurt Tucholsky, *So verschieden ist es*
im menschlichen Leben

John Updike, *Dein Liebhaber hat eben angerufen*

Alice Walker, *Blicke vom Tigerrücken*

Janwillem van de Wetering, *Leider war es Mord*

P. G. Wodehouse, *Geschichten von Jeeves und Wooster*

Programmänderungen vorbehalten